Verstehen Sie Hund?

Verstehen Sie Hund?

Ein Crash-Kurs in Hundepsychologie

von Martina Braun

CADMOS
HUNDEBÜCHER

Cadmos Verlag GmbH, Lüneburg

Umschlagfoto: Ulrike Schanz
Gestaltung und Satz: Ravenstein + Partner, Verden
Druck: Westermann Druck Zwickau GmbH.

Printed in Germany

ISBN 3-86127-735-2

Einführung

In meiner tierpsychologischen Praxis lerne ich viele sehr liebe Menschen kennen, die irgendein Problem mit ihrem Hund haben. Häufig bin ich nicht die erste Stelle, die diese Menschen um Rat aufsuchen. Viele Hundehalter haben die reinste Odyssee hinter sich. Da gab es Welpenstunden, aus denen sie weggeschickt wurden, weil der Hund „viel zu aggressiv für die anderen spielt". Es wurden Hundeschulen besucht, wo man ihnen erklärte, dass der Hund erst in Gruppenstunden teilnehmen kann, wenn er „sich anständig benimmt". Auf Spaziergängen traf man viele wissende Leute, die einen mit mannigfaltigen Vorwürfen und Ratschlägen bedachten. Und dann gab es auch vereinzelt Tierärzte, die die Hundebesitzer warnten: „Wenn Sie nicht aufpassen, haben Sie hier eine kleine Zeitbombe." Aber wie bitte schön bringt man einen Hund dazu, „sich anständig zu benehmen", und wie um Himmels willen entschärft man kleine „Zeitbomben"? Mit dieser Frage steht der Halter eines Hundes mit Verhaltensauffälligkeiten häufig wieder alleine da. Entsprechend verunsichert ist der Besitzer dann, wenn wir uns endlich kennen lernen. In seiner Verzweiflung hat der Halter sich nun an eine Tierpsychologin gewandt. Und das wurde vom einen oder anderen Bekannten auch noch belächelt und ironisiert: „Dein Hund muss wohl auf die Ledercouch ..."

Nun brauche ich aber in jeder Therapie unerlässlich die Mitarbeit des Besitzers. Meistens muss er sogar den Großteil des Aufwandes erbringen. Dazu habe ich lange nach einem Weg gesucht, diesen enttäuschten, Hilfe suchenden Hundebesitzer für neue Ideen zu öffnen und zur Mitarbeit zu gewinnen. Auf herkömmliche Weise mit vielen Schlagwörtern wie Motivation, Dominanz, Hierarchie muss ich ihm gar nicht mehr kommen. Das hat er schon hundertmal gehört und meistens mit dem Gedanken gekoppelt: Ich muss meinen Hund besiegen, ihm die Leviten lesen und ihm den Willen brechen. So kam mir eines Tages die Idee, nicht mehr von Problemhunden und deren Haltern zu reden, sondern von „Nuggets“ und „Goldschürfern“. Diese neuen Begriffe hörten die Hundehalter und staunten. Und sie waren bereit, sich diesen „anderen Weg der Hundeerziehung“ anzuhören.

Ich möchte an dieser Stelle ausdrücklich betonen, dass es sehr wohl fantastische Welpenspielstunden und tolle Hundeschulen gibt.

Und immer mehr Tierärzte haben in den letzten Jahren ihr Wissen auch auf dem Gebiet der Verhaltensforschung erweitert. Aber leider ist der Beruf des Hundetrainers oder des Verhaltenstherapeuten nicht definiert und gesetzlich geschützt, sodass noch viel Scharlatanerie betrieben wird und Hilfesuchende an „Ausbilder“ geraten, die keinerlei kynologisches Hintergrundwissen besitzen.

Was hat es auf sich mit den „Nuggets“?

Er kann nicht denken wie ein Mensch, und auch nicht aus seiner Haut. (Foto: Chr. Steimer)

Eigentlich sind Nuggets natürliche rohe Goldklümpchen. Fachmännisch verarbeitet werden daraus herrliche Schmuckstücke. Und genau das ist es, wozu dieses Buch anleiten möchte. Jeder Hund ist ein kleines „Goldstück“ und gemeinsam wollen wir für „den richtigen Schliff“ sorgen. Dabei kann man aber nur herausarbeiten, was die Natur ohnehin vorgegeben hat. Wir arbeiten also mit den natürlichen Anlagen des Hundes und betreiben keine Dressur.

Doch bevor die praktischen Übungen mit den Hunden beginnen, sollten wir Menschen einiges über unseren vierbeinigen Freund erfahren. Dieses Buch soll Ihnen helfen, ein „Goldschürfer" zu werden, der die naturgegebenen Zusammenhänge (er-)kennt und es so versteht, in seinem Hund den „Goldkern", den Nugget, zu finden und seinem Wesen entsprechend herauszuarbeiten. Wir wollen aus Ihrem Hund ein wahres „Goldstück" machen, an dem Sie als Besitzer Freude haben können, aber auch unsere Umwelt.

Die hier beschriebenen Methoden erheben aber keinen Anspruch darauf, die einzig richtige Lösung zu sein! Unsere Hunde sind individuelle Persönlichkeiten, und was für den einen toll ist, macht dem anderen gar keinen Spaß. Als Goldschürfer sollte man Einfühlungsvermögen und Phantasie entwickeln. Mein größter Wunsch ist, wenn Sie am Ende dieser Lektüre die Hundeerziehung nicht als Anstrengung, als Pflichtübung betrachten würden, sondern als ein spannendes Abenteuer, zu dem Sie sich mit Ihrem Hundekumpel aufmachen.

Wir sollten dabei offen miteinander sein, denn viele Hundeprobleme sind größtenteils das Resultat unseres eigenen Nichtwissens oder Fehlverhaltens und auch nicht selten stellen wir falsche Ansprüche an unsere Hunde.

Mensch und Hund: zwei vom gleichen Schlag?

Als moderne Hundehalter sind wir besorgt um das körperliche Wohl unserer Hunde. Vom Körbchen, Spielzeug, ärztlicher Versorgung bis hin zum Futter – wir tun alles für unsere Hunde! (Nebenbei bemerkt: Alleine in Amerika werden jährlich zwischen 3 und 5 Milliarden Dollar ausschließlich für Hundefutter ausgegeben!) Wir wissen, dass unser Hund ein Lauftier ist, und machen wunderschöne, lange Spaziergänge mit ihm. Nur was das seelische Wohl betrifft, da begehen wir sehr oft einen großen Fehler: Wir gehen nämlich von unserem menschlichen Denken aus und meinen, so muss es auch beim Hund sein. Denn wir wissen ja, dass der Hund auch ein soziales Wesen ist – wie wir Menschen auch. Oder?

Für unseren Hund sind Spaziergänge gemeinsame Streifzüge. (Foto: U. Schanz)

Nun, wir haben viel gemeinsam, unsere Hunde und wir. Beide wollen wir Zuneigung, wir wollen ernst genommen werden, wir brauchen Zugehörigkeit und Nähe und beide wollen wir Mitglied einer sozialen Gemeinschaft sein. Die Grundzüge stimmen überein und dies ist bestimmt der Hauptgrund dafür, warum der Hund das am weitesten verbreitete und so beliebte Haustier ist.

Aber schauen Sie doch mal mit mir hinter die Fassade und entdecken mit mir die gravierenden Unterschiede zwischen Mensch und Hund. Es ist so spannend, eine andere Art zu entdecken! Lassen Sie sich auf das Abenteuer ein, die Geheimnisse zu erkunden, um einen *wirklich* glücklichen Hund Ihr Eigen zu nennen!

Ob wir alleine leben, mit einem Partner oder in einer Familie – gemeinsam mit unserem Hund stellen wir auch eine soziale Gemeinschaft dar. Unser Hund sieht uns als sein Rudel an und er bezieht uns in seine Denkweise ein. Er hat nämlich keine andere! Wir hingegen haben die Möglichkeit, uns auf das Denken unseres Hundes einzustellen, und als Tierfreund liegt es sogar in unserer Verantwortung, dies zu tun. Also lassen Sie uns gemeinsam lernen, „Hund zu denken" und unseren Hunden beizubringen, „Mensch zu verstehen"!

Ich möchte aber klarstellen: Unsere Hunde denken *nicht*, wir seien auch Hunde! Sie nehmen sehr wohl wahr, dass wir einer anderen Art angehören. Aber im Zusammenleben mit uns in unseren Familien stellen wir für unsere Hunde ihr Ersatzrudel dar. Denn wir tun Dinge, die – aus Hundesicht – ein Rudel eben tut. Wir leben zusammen. Wir essen gemeinsam. Wir gehen

Bei Kompetenzschwäche ihres Menschen stellen auch kleine Hunde die Machtfrage. (Foto: U. Schanz)

zusammen auf Streifzüge. An dieses Ersatzrudel stellt der Hund die Erwartungen, die er seiner Denkweise nach an einen Rudelverband stellt.

Wir westlichen Menschen leben in aller Regel nicht in einer Sozialgemeinschaft mit hierarchischen, sondern mit demokratischen Grundzügen. Demokratie ist jedoch ein Prinzip, das weder für Wölfe noch für Hunde nachvollziehbar ist, und so wird sich der Hund spätestens beim Erreichen seiner Geschlechtsreife die Frage nach der Rudelführung stellen. Nun kommt es darauf an, wie Sie bis dahin mit Ihrem Hund verfahren sind und welche Vorstellung Sie vom Zusammenleben mit Ihrem Hund haben.

Ihr Hund hat jedenfalls ganz klare Vorstellungen! Er wird seinerseits alles ihm Mögliche anstellen, um festzustellen, wer Rudelführer ist. Er untersteht dabei einem inneren Antrieb: Er *muss* einfach wissen, wer hier der Boss ist. Warum muss er es denn unbedingt wissen, fragen Sie sich vielleicht. Wir könnten doch so schön demokratisch-partnerschaftlich miteinander leben ...

Weil in seinem genetischen Erbe ein uraltes, vom Wolf abstammendes Wissen, ein biologisches Gesetz, verankert ist! Und dieses biologische Gesetz sagt ihm: „Das wichtigste Ziel meines Daseins ist es, meine eigenen Gene weiterzugeben. Dazu muss ich zunächst selbst überleben und dann muss ich mich vermehren. Ich kann als Rudeltier aber nur überleben, wenn auch mein Rudel überlebt. Allein bin ich nichts, denn ich kann mich als Einzeltier nicht so gut verteidigen, ich kann nicht ein so großes Revier besitzen wie als Mitglied eines Rudels und ich kann nicht so große Beutetiere jagen und auch die Welpenaufzucht mithilfe anderer Rudelmitglieder funktioniert besser."

Die soziale Grundstruktur von Hund und Wolf basiert auf klaren Hierarchien und nicht auf Demokratie. Und das ist auch gut so! Es ist nicht halb so schlimm, wie sich das im ersten Moment für uns Menschen anhören mag. Ein Beispiel: Stellen wir uns ein Wolfsrudel vor, das einen Moschusochsen jagt, und weil es schon lange nichts mehr zu fressen gab, knurren die Mägen gewaltig. Würde der Wolf demokratisch denken, würde man sich nun vermutlich zusammensetzen und ausdiskutieren: „Wie erlegen wir diesen Ochsen? Welche Taktik wenden wir an? Wer übernimmt welche Aufgabe? (Natürlich möchte jeder gern die tollste Aufgabe übernehmen!)" Tja – bis dann alles diskutiert wäre, wäre der schöne, dicke Moschusochse wohl über alle Berge ... In einer Hierarchie, wie der Hund und der Wolf sie kennen, ist aber ganz klar festgelegt, wer welche Aufgabe übernimmt. Hier geht es nach der Rangstellung und nur so kann sich das Wolfsrudel ganz gezielt an den Moschusochsen heranarbeiten und ihn gemeinsam erlegen.

Was haben wir daraus gelernt? Ist also Hierarchie gar nicht gleichzustellen mit Unterdrückung und Knebelung? Genau! Die Vorteile sind nämlich, dass jedes Rudelmitglied seinen Platz innehat und kennt. Das gibt enorm viel Sicherheit. Innerlich wie auch nach außen.

Und eben dieses uralte Wissen hat auch Ihr Hund heute noch in sich. Egal, wie groß oder klein er ist, egal, welche Spiele die menschliche Zucht mit seinem Aussehen getrieben hat! Und so „denkt" sich Ihr Hund: „Ich lebe in einer sozialen Gemeinschaft und der Rudelerhalt, also auch mein eigener Fortbestand, wird gesichert nur durch klar durchschaubare, hierarchische Strukturen. An der Spitze dabei steht ein guter Rudelführer. Und – du, Mensch! – zeig mir nun, dass du ein guter Rudelführer für mich sein kannst! Denn sonst sehe ich mich gezwungen, mich auf mich selbst zu verlassen. Und, Mensch,

Zum Austesten der Grenzen, um die eigene Position zu bestimmen, zählt auch das Betteln bei Tisch. (Foto: Chr. Steimer)

zeige mir, wo mein Platz in unserem Rudel ist.“ Also geht Ihr Vierbeiner hin und zerrt an der Leine („mal schauen, wer mehr Ausdauer hat“) oder probehalber knurrt er Sie auch mal an, wenn Sie seinen Knochen wegnehmen wollen („mal sehen, ob sich mein Mensch das von mir gefallen lässt ...“).

Aber vergessen Sie bitte die Idee, er könnte dies aus Bosheit tun oder um Sie zu ärgern oder weil er Sie nicht liebt. Er tut dies alles, weil er seine Grenzen erforscht und seinen Platz in seinem „Rudel“ erfahren will.

Im Kopf unseres Hundes haben demokratische Zustände etwas Angst einflößendes, Unsicheres, Chaotisches. Da ist kein Halt, keine Struktur. Denn Führung bedeutet für unsere Hunde Vertrauen und Sicherheit!

Oder wie sehen Sie das? Stellen Sie sich vor: Sie sind in einer fremden Stadt und möchten eine Stadtrundfahrt machen. Wären Sie nicht auch irritiert, wenn Sie eine Fremdenführerin hätten, die eigentlich noch gar nicht so recht weiß, wo sie mit Ihnen hingehen will und was sie Ihnen zeigen soll?

Lassen Sie uns gemeinsam erarbeiten, wie sie Ihrem Hund ein „guter Führer“ sein können, an dessen Seite man sich stark und wohl fühlt.

Ich möchte an dieser Stelle noch sehr gerne mit einem Irrglauben aufräumen. Wenn ich unterwegs Hunde antreffe, die extrem an der Leine reißen und zerren, bin ich immer wieder erstaunt, wenn die Besitzer dieses Verhalten entschuldigend kommentieren mit: „Er ist halt ein Alpha-Hund!“ Es gibt in Wirklichkeit nämlich nicht halb so viele Alpha-Hunde, wie man oft glaubt (oder aus Selbstschutz behauptet). Die Natur ist perfekt eingerichtet. Und es wäre kontraproduktiv, wenn es viele, viele Hunde mit den Wesenszügen eines Alpha-Tieres gäbe. Statt eine Rudelgemeinschaft aufbauen zu können, in der es darum geht, gemeinsam zu überleben, gäbe es ständig Kämpfe um die Stellung des Rudelführers. Das sieht man sehr deutlich an Wolfsrudeln, die noch keine klare Struktur haben und in denen die Rollenverteilung noch nicht ausgefochten ist. Genauso gut können wir das bei Hunden beobachten, die von ihrem Menschen noch nicht restlos überzeugt worden sind, dass er ein guter Anführer zu sein vermag.

Nur sehr wenige Hunde sind so genannte Kopfhunde, die wirklich die Führung eines Rudels an sich reißen wollen. Das große Mehr der Hunde will einfach nur definitiv und gesichert wissen: „Wo ist mein Platz in meinem Rudel?“ Und dieser Platz muss dann auch klar definiert sein und – ganz wichtig! – von allen Rudel- beziehungsweise Familienmitgliedern gleichermaßen bestätigt werden.

Da ist vielleicht ein Familienmitglied den ganzen Tag um den Hund herum, geht mit ihm zur Hundeschule, legt Wert auf einen guten Grundgehorsam und kommt mit dem Hund bestens klar. Und dann ist da vielleicht ein anderes Familienmitglied, das weniger Zeit mit dem Hund verbringt und ihn abends „nur genießen“ möchte, indem Hundi aufs Sofa darf, feine Sachen vom Tisch bekommt und erst beim dritten Rufen kommen muss.

Was denkt sich dabei der Hund? Die menschlichen Signale sind für ihn ganz klar! „Der eine ist mein Rudelführer. Er fordert von mir Anpassung und besteht darauf, dass seine Befehle ausgeführt werden. Da weiß ich, was ich zu tun und zu lassen habe. Er ist mein Chef. Er gibt mir Halt.“ Und dann ist da der zweite Mensch. „Er ist weich und nachgiebig. Er kann kein Rudelführer sein. Vielleicht ist er sogar schwächer als ich? Das werde ich noch austesten.“

Wer die Pfeife in der Hand hat, wird damit nicht automatisch zum Boss. (Foto: U. Walz)

Bitte vergessen Sie nie: Unklare Verhältnisse sind für den Hund nicht zufrieden stellend. Alle Familienmitglieder müssen an einem Strang ziehen. Alle sollten die gleichen, klaren, eindeutigen Befehle verwenden und – fast noch wichtiger! – alle sollten genauso auf deren Ausführung bestehen. Bei einer kleinen Familienkonferenz sollten Sie ganz klar definieren: Was soll unser Hund dürfen und was nicht. Und wie nennen wir was? Wenn Sie also wollen, dass Ihr Hund in sein Hundekörbchen geht, dann muss das klar definiert werden, zum Beispiel mit „Geh ins Körbchen“. Wenn einer von Ihnen nun aber „Platz“ sagt und dies normalerweise für den Hund das Synonym fürs Hinlegen ist, dann besteht da schon die erste Verwirrung. Genauso wichtig ist das bei all den anderen Befehlen. Wenn ich das Kommando „Fuß“ gebe, dann meine ich, dass mein Hund mit der Schulter auf meiner Kniehöhe nah neben mir läuft. Und zwar auf der linken Seite. Ist mein Hund im Freilauf und ich rufe ihn mit dem Kommando „Fuß“ heran, darf ich mich dann aber auch nicht damit zufrieden stellen, wenn er nur in meine Nähe kommt. Er muss sich in die Ausgangsposition des Fuß-Befehls begeben, nämlich links, nahe neben mir, mit seiner Schulter auf meiner Kniehöhe. Wenn Sie das nicht beachten, wird der Hund mit der Zeit lernen, dass Fuß einfach nur irgendwo in Ihrer Nähe ist. Mehr nicht.

Ganz heikel ist der Befehl zum Heranrufen eines Hundes. Wenn Sie einfach nur „Komm“ rufen, besteht die Gefahr, dass der Hund relativ lange braucht, bis er die Ausführung beherrscht. Zunächst sollte dem Befehl einmal der Name des Hundes vorausgehen, damit er weiß, dass er gemeint ist und ein Befehl für ihn folgt. Dann empfehle ich in der Regel lieber „Hier“ zu rufen als „Komm“. Das Wort „komm“ verwenden wir nämlich andauernd in unserem Sprechen, ohne dass es für den Hund wirklich von Belang wäre. Wir sagen: „Ich komm gleich“, oder: „Ach komm

Eindeutige Handzeichen zu jedem Kommando sind auf Entfernung sehr nützlich. (Foto: U. Schanz)

Seine eigene Decke wird ein Hund als sein Privateigentum schätzen. (Foto: InfoHund Krämer)

schon!", wenn wir jemanden zu etwas überreden wollen. Oder wir sagen: „Komm, geh mal zur Seite." Ganz verwirrend!

Der Hund merkt dann bald, dass all diese „Komms" gar nicht für ihn bestimmt sind. Nur, wie soll er wissen, wenn es sich um ein „Komm" für seine Ohren handelt?

Es gibt mittlerweile auch viele Leute, die ihren Hunden englische, italienische oder französische Befehle geben. Vor Jahren lernte ich einen Herrn mit zwei Schäferhunden kennen, der Zahlen statt Wörter verwendete. Da war dann zum Beispiel „Dreizehn" der Befehl für „Komm". Dies, damit kein anderer seinen Hunden Befehlen erteilen konnte. Egal, wie man das Herankommen nun auch nennen mag, wichtig ist einfach, immer den gleichen Befehl zu verwenden.

Und dann sollten sich auch alle an die vereinbarten Befehle halten! Denn wenn man ein Nugget vor sich hat, muss man sich auch vorher überlegen: Machen wir daraus einen Ring oder einen Anhänger? Wenn man einfach drauflosschleift, wird man am Ende vor einem Haufen Staub sitzen!

Übrigens, wenn's Diskussionen gibt, ob der Hund aufs Sofa darf (... es ist doch so schön, ein wenig miteinander zu kuscheln) oder nicht (... aber ewig die Haare auf dem Sofa!) – da gibt es eine ganz tolle Lösung! Dem Hund wird eine Decke zur Verfügung gestellt, die zukünftig ihm gehört. Sie liegt immer dort, wo sein Platz ist. Also in seinem Körbchen im Schlafzimmer oder an seinem Ruheplatz im Wohnzimmer. Und wenn dann die Decke mal auf das Sofa gelegt wird, dann, aber nur dann darf der Hund auch zu uns auf das Sofa kommen. Jeder Hund wird das verstehen lernen und so kann man einen schönen Mittelweg finden, der jedem Familienmitglied gerecht wird.

Und noch ein kleiner Tipp: Wenn Sie diese Decke auch noch zur Reisedecke oder Auf-Besuch-geh-Decke machen, wird Ihr Hund selbst an einem fremden Ort sofort wissen, wo er es sich gemütlich machen darf.

Glücklich ist, wer vergisst, was da nicht zu ändern ist

Wir vergessen allzu gerne, dass wir nicht jedes hundliche Verhalten mit Erziehung oder Training beeinflussen können. In jedem unserer Hunde ist ein guter Anteil vererbten Verhaltens, das genetisch bedingt und fest verankert ist. Ich möchte hier nicht so weit gehen, auseinander zu pflücken, was erlernt und was erblich bedingt ist. Häufig ist ein Verhaltenskomplex ohnehin schlussendlich ein Mix aus beidem. Ich gebe Ihnen ein Beispiel hierfür: Kommt ein Welpe zur Welt, dann „weiß" er, ohne es erlernen zu müssen, dass er mit rhythmischen, stempelnden Bewegungen seiner Vorderpfoten den Milchfluss an der Zitze der Mutter anregen kann. Dieser so

Niemand zeigt es ihm, ein Welpe weiß, dass er mit Treten mehr Milch erhält. (Foto: Chr. Steimer)

genannte Milchtritt ist also angeborenes Verhalten, denn jeder Welpe weiß dies zu tun, egal wo und wie er zur Welt kommt.

In der späteren Entwicklung lernt der Junghund, dass er mit eben diesem Anheben der Pfote andere Hunde beschwichtigen kann. Das haben wir alle schon beobachten können, nicht wahr? Ein kleiner, draufgängerischer, wilder Junghund fordert einen erwachsenen Hund so lange heraus, bis es diesem zu bunt wird und er den Junghund knurrend in seine Grenzen verweist. Der Junghund reagiert mit beschwichtigendem Pfoteheben, vielleicht legt er sich sogar dabei auf den Rücken. Hier ist also die Handlung/Bewegung die gleiche geblieben. Aber die Bedeutung hat sich verändert: aus dem einstigen Milchtritt wurde Beschwichtigung. Es wurde also eine Instinkthandlung durch soziale Erfahrungen weiterentwickelt und ritualisiert. Und wenn wir unserem Hund dann im späteren Verlauf seines Lebens noch das Pfotegeben lehren, dann nutzen wir ganz natürliche Anlagen des Hundes.

Ein erwachsener Hund hebt die Pfote zur Beschwichtigung – oder weil er weiß, dass es dafür eine Belohnung gibt. (Foto: U. Schanz)

Sie sehen also, dass man angeborene und erlernte Handlungen nicht so leicht voneinander trennen kann. Die Übergänge sind fließend. Und gleichzeitig haben Sie, lieber Goldschürfer, anhand dieses kleinen Beispiels erkannt, wie unser Hund auf natürlichstem Wege und am schnellsten lernt: nämlich durch „Lernen am Erfolg".

Der oben beschriebene Welpe lernt, dass er durch den Milchtritt an Mutters Zitze Erfolg hat, nämlich in den Genuss von Milch kommt. Der Junghund hat gelernt, dass er mit einer Verwarnung davonkommt, wenn er sein erwachsenes Gegenüber mit Pfoteheben beschwichtigt. Und durch unsere begeisterte Reaktion lernt er dann später, dass ihm das Pfoteheben beim Mensch Lob – und vielleicht sogar ein Leckerli einbringt. So einfach ist Lernen am Erfolg und wir werden später noch des Öfteren darauf zurückkommen.

Partnersuche einmal anders

Haben wir uns dazu entschlossen, einen Hund in unser Leben aufzunehmen, dann beschäftigen uns natürlich die Fragen: „Wie stell ich's an, damit der zukünftige Hund zu mir und meinem Leben passt? Wie find ich *den* Hund für mich?" Denn immerhin sollen ja beide Seiten in dieser Partnerschaft glücklich werden, Mensch und Hund. Und je nach Größe wird der Hund zehn, zwölf, 15 Jahre alt oder noch älter. Für eine so lange Lebensgemeinschaft muss es dann schon stimmen!

Zunächst einmal müssen wir uns mit der ganzen Familie zusammensetzen und überlegen: Was erwarten wir von unserem zukünftigen Hund? Soll er ein Familienhund sein und mit den Kindern spielen? Möchten wir mit ihm

Der Beagle gehört zu den Rassen, die oft falsch eingeschätzt werden. (Foto: U. Schanz)

Sport betreiben? Soll er auf das Haus aufpassen? Soll's ein Jäger sein?" Möchte ich mit ihm Ausbildungen machen und wenn ja welche?

Nach den Kriterien, die wir hier zusammentragen, suchen wir uns in einem Rassebuch die Rassen heraus, die aufgrund ihres eigentlichen Zuchtzwecks für uns infrage kommen. Ja, sie haben ganz richtig gelesen: Wir müssen unbedingt beachten, wofür die Rasse ursprünglich einmal gezüchtet wurde, denn das Potenzial der Ururahnen schlummert noch immer in unserem zukünftigen Welpen! Bei der Anschaffung eines guten Rassebuches darf bitte nicht gespart werden. Nicht jeder Hund ist als Familienhund geeignet und deshalb sollte man sich sehr seriös vorinformieren. Auch ein Gespräch mit dem Tierarzt oder einem Verhaltenstherapeuten kann da nicht schaden.

Und erst dann, wenn wir eine Auswahl der Rassen haben, die in unser Leben passen würden, können wir uns den Luxus leisten, auf Aussehen, Fellfarbe oder -länge und „Schönheit" zu achten! Wie viele Leute gibt es, die einen Jack Russell Terrier haben und täglich wegen seines

Temperaments, seines Kampfesgeistes und seiner Ausdauer ins Schwitzen geraten? Fragen Sie mal so einen Hundebesitzer, ob er seinen Hund ausgesucht hat, weil er klein, handlich und kurzhaarig-pflegeleicht ist oder ob er ihn wegen seiner Wesensanlagen, nämlich ein unerschrockener, mutiger kleiner Jäger zu sein, angeschafft hat!

Oder denken Sie eher an einen Hund aus dem Tierheim oder aus zweiter Hand? Diese Idee ehrt Sie! Aber vergessen Sie dabei bitte nicht: Die Hunde aus dem Tierheim haben eine Vorgeschichte, die häufig gar nicht oder nur teilweise bekannt ist. Sie müssen sich einfach darauf einstellen, dass auch ein Tierheimhund Zeit braucht, Ihr Leben, Ihre Gewohnheiten, Ihre Eigenarten kennen zu lernen.

Am besten gehen Sie davon aus, dass ein Tierheimhund am Anfang genauso viel Zeit und Geduld von Ihnen beansprucht wie ein Welpe. Mit dieser Einstellung ersparen Sie sich Enttäuschungen und dem Hund womöglich eine weitere Erfahrung, nach kürzester Zeit wieder im Tierheim zu landen.

Wenn Ihr kleiner Secondhandpartner ein Mischling ist, probieren Sie mit dem Tierheimpersonal oder mit einem Tierarzt herauszufinden, welche Rassen da wohl beteiligt sein mögen. Wenn Ihr zukünftiger süßer Fratz also eine schlanke Silhouette, einen feinen, langgliedrigen Körperbau und kurzes Fell hat und womöglich von ihm bekannt ist, dass er aus einem südlichen Land stammt, dann seien Sie sich bewusst, dass da höchstwahrscheinlich ein guter Windhund- oder Podenco-Anteil in ihm schlummert und Rennen und Jagen seine Passion sein werden. In diesem Fall wäre das sicher kein geeigneter Partner für eine ältere Dame mit einer Stadtwohnung, nicht wahr?

Auf welchen Nugget Ihre Wahl im Tierheim auch fallen mag: Nutzen Sie bitte das Angebot, das alle seriösen Tierheime machen, und gehen mit dem Auserwählten ein paar Mal spazieren, bevor Sie sich definitiv entscheiden. Sie lernen sich ein wenig kennen und können so viel besser beurteilen, ob sie wirklich den Rest eines Hundelebens miteinander verbringen wollen.

Oder hat Ihr Nachbar gerade einen Wurf Welpen und er fragt, ob Sie einen möchten, weil er weiß, dass Sie sich mit dem Gedanken tragen, einen Hund anzuschaffen? Oder haben Sie am Sonntagnachmittag einen Familienausflug gemacht und sind bei einem Bauernhof vorbeigekommen, wo es gerade ach so süße Welpen hat? Auch hier sollten Sie die goldene Regel nicht außer Acht lassen: Welche Rassen stecken in den kleinen Welpen? Sind die herzigen weiß-schwarzen Bauernhofwelpen eine Mischung aus Appenzeller und Border Collie? Dann ist das also eine Mischung aus bellfreudig und Hütehund. Seien Sie bitte nicht erstaunt, wenn Ihr kleiner Racker später bellend die Kinder auf dem Spielplatz zusammentreibt und dabei vielleicht auch ein wenig in die Ferse zwickt.

Nach diesen Zeilen ist wohl jedem Goldschürfer auch klar geworden, warum Tiere als Geschenke so oft im Tierheim landen. Wen kennt man schon so gut, um sicherstellen zu können, dass ein bestimmter Hund zu seinem Leben passt? Das ist eine ganz persönliche, intime Auswahl, die da getroffen werden muss. Und zwar von jedem zukünftigen Hundehalter selbst.

Wäre ich nun Mäuschen bei Ihrer Familienkonferenz mit dem Haupttagesordnungspunkt „Wir kaufen einen Hund", dann würde ich nun schnell aus meinem Versteck hervorkommen, mich keck auf den Tisch setzen und piepsen: „Stopp! Haben Sie auch an alles gedacht? Haben

Gespräche mit Hundehaltern bringen wichtige Informationen über das Zusammenleben mit einer bestimmten Rasse. (Foto: U. Schanz)

Sie weitere Haustiere und diese in die Überlegungen mit eingebunden? Haben Sie noch eine Katze oder Zwerghasen und wollten Sie sich gerade für einen Jagdhund entscheiden?“ Das geht schon! Aber dann ist es ganz wichtig, dass Ihr zukünftiger Hund mit Katzen (oder Hasen) aufgewachsen ist und bereits auf wackeligen Welpenbeinen gelernt hat, dass diese Mitbewohner keine Jagdopfer darstellen. Wenn ich meine Kundenkartei hervornehme, könnte ich eine traurige Bilanz ziehen von Katzen, die sich nicht mehr nach Hause trauen, seit da der Hund ist.

Und haben Sie sich auch für ein Geschlecht entschieden? Bitte bedenken Sie, dass Rüden eher zu innergeschlechtlichen Rangeleien neigen und dass Hündinnen während ihrer Läufigkeit oft von allen mittelbaren und unmittelbaren Nachbarsrüden umschwärmt werden. Auch dieser Punkt ist vorher zu bedenken. Ich langweile Sie ungern mit trockener Statistik, aber die neuesten Studien besagen, dass Hündinnen gelehriger und schneller stubenrein sind sowie mehr Verlangen nach Zuwendung und Aufmerksamkeit haben, also verschmuster sind. Bei Rüden ist die Spielbereitschaft ausgeprägter, aber eben auch die Revierverteidigung und die Aggression gegen gleichgeschlechtliche Artgenossen. Natürlich ist das der große Durchschnitt und soll nicht besagen, dass kein Rüde verschmust ist!

Guter Züchter, schlechter Züchter?

Oder möchten Sie doch lieber einen Hund aus einer Zucht? Okay, nach einem verregneten Sonntag und schwer wiegender Hundebuchlektüre haben Sie sich nun entschieden und wissen, was für ein Rassehund der Ihre werden soll. Wie weiter? Wie erkennt man nun einen seriösen Züchter?

Eigentlich ganz einfach! Wenn der Züchter Ihnen das Muttertier und die Wurfgeschwister zeigen kann, ist das schon ein ganz gutes Zeichen. Schauen Sie die Mutter gut an: Ist sie menschenscheu, sozial mit anderen Hunden, schreckhaft, giftig oder lieb und zutraulich? Können Sie etwas über den Vater in Erfahrung bringen oder ist er sogar dort? Was für einen Eindruck macht er auf Sie? Ist die Mutter beziehungsweise sind die Eltern der Welpen so, wie Sie sich Ihren zukünftigen Hund wünschen? Dann sieht's schon ganz prima aus! Oder gehören sie zu der Art Hunde, die Sie auf gar keinen Fall haben möchten? Dann vergessen Sie nicht, dass in den Welpen das elterliche Potenzial schlummert.

Der zweite, wichtige Punkt: Sehen Sie sich gut an, wie der Züchter lebt! Hat er ein schönes Häuschen auf dem Land (oder ist's gar ein Bauernhof?), Sie hingegen leben jedoch in der Stadt, dann fragen Sie beim Züchter genau nach, was er mit den Welpen zwecks guter Prägung alles unternommen hat. Wir wissen heutzutage, wie wichtig die ersten Lebenswochen beim Welpen sind. Lernt ein Hund in dieser Zeit nicht ausreichend seine Umwelt, Menschen jeden Alters und Artgenossen jeder Größe kennen, wird er im späteren Leben nahezu irreversible (das heißt also praktisch nicht korrigierbare) Lücken aufweisen, die sich dann als „Verhaltensauffälligkeiten“ bemerkbar machen.

Ist Ihr Welpe nämlich zwölf Wochen alt und hat – um bei unserem Beispiel zu bleiben – nie

Auch wenn es schwer fällt, schauen Sie sich die Eltern des liebenswerten Welpen und vor allem seinen Züchter kritisch an. (Foto: U. Schanz)

gelernt, mit regem Stadtverkehr und Lärm zu leben, wird man – kaum zu Hause angekommen – ein zitterndes Häufchen Elend im Arm halten. Und das nicht nur für den ersten Moment oder die ersten paar Tage! Wie enttäuscht wäre man da. Da haben Sie beim Züchter einen kleinen, lebhaften Wildfang kennen gelernt und nun drückt er sich nur noch bibbernd an Sie, statt in gesunder Welpenmanier neugierig und aufgeschlossen seine neue Umgebung zu erkunden. Und stellen Sie sich erst den unsagbaren Stress für das Tier vor! Hier ist ein weitsichtiger Züchter, der Sie genauestens über die Rasse und die bisherige Haltung informiert, Gold wert und von Ihnen ist ganz große Eigenverantwortung gefordert.

Und nicht vergessen: In Bezug auf die Rasse sollten Sie sich den ursprünglichen Zuchtzweck und das Leben des Züchters gut anschauen. Stellen Sie sich doch nur einen Kuvasz vor! Gezüchtet wurde er als so genannter Herdenschutzhund, das heißt, um sich unter Schafherden zu mischen und die Schafe als sein Rudel zu betrachten. Auf diese Art soll er Angriffe von Raubtieren auf die Schafe abwehren.

Sein Biorhythmus ist also so beschaffen, dass er vor allen Dingen nachts auf einer etwas erhöhten Stelle liegen möchte und dann beim kleinsten Geräusch bellt. Phantastisch für den Schutz von Schafen, aber wie sieht's aus in einer Familiensiedlung mit Reihenhäuschen? Ich befürchte, dass sich die Nachbarschaft auf Dauer nicht damit besänftigen lässt, dass der kleine Racker ja sooo ein süßes Wollknäuel ist.

Dann gibt es noch das Problem mit der Inzucht. Fällt die Entscheidung für einen Rassehund, lassen Sie sich vom Züchter bitte die Zuchtpapiere zeigen und erklären. Fällt Ihnen auf, dass sich alle Hundenamen über Generationen hinweg immer wieder wiederholen, aber der Züchter versichert Ihnen eine HD-freie Zucht? Vorsicht, lieber Goldschürfer: Heutzutage weiß man aus jüngsten Genetikforschungen, dass lediglich die Zuchtwertschätzung eine verlässliche Aussage liefert. Dies bedeutet, dass die Welpen, also alle Nachkommen, getestet werden und erst dann hat man einen wirklich aussagekräftigen Rückschluss auf den Zuchtwert der Eltern. Und nicht umgekehrt! Ein vernünftiger Zuchtweg ist die so genannte Linienzucht. Sie beinhaltet leichte Inzucht, denn es werden Tiere, die entfernt verwandt sind, miteinander verpaart. Im Zweifelsfall bitten Sie den Züchter um eine Kopie der Papiere und beraten sich mit Ihrem Tierarzt.

Das klingt vielleicht alles schrecklich rationell, aber es erspart Ihnen große Enttäuschungen.

Auch beim Hundekauf liegt es beim Nachfrager, den Markt zu bestimmen. Und je mehr Menschen wissen, worauf zu achten ist, desto schneller wird unseriösen Züchtern und skrupellosen Hundehändlern der Garaus gemacht. Ein jeder von uns kann da etwas zu beitragen. Toll oder?

Hänschen klein, zieht allein in die weite Welt hinein

So, Sie haben es also geschafft und Ihren Kleinen erfolgreich nach Hause geholt. Er ist vielleicht acht, vielleicht zwölf Wochen alt. Er hat mit seinem Umzug in sein neues Heim alles zurücklassen müssen, was für ihn bis zum heutigen Tage Bezug und Halt war: Mutter, Wurfgeschwister und die Menschen, die ihn bis dato betreuten. All das müssen Sie ihm nun ersetzen und Sie sind sich bewusst, dass da viel, viel Freude, aber auch ein ganz schöner Zeitaufwand, manchmal auch eine Geduldsprobe bevorsteht.

Da dieses Buch für jedermann und jederhund sein soll, will ich mich nicht zu lange mit der Welpenerziehung beschäftigen. Ich bitte aber jeden, der sich einen Welpen ins Haus holt, inständig, eine Welpenspielstunde aufzusuchen. Jeder Tierarzt kann entsprechende Adressen vermitteln, und was Ihrem Welpen und Ihnen selbst dort zuteil wird, ist im späteren Leben von unschätzbarem Wert. Sie ersetzen dem Kleinen die fehlenden Wurfgeschwister, indem er mit Gleichaltrigen herumtollen und den Sozialkontakt üben kann. Und in guten Welpenspielstunden gibt es immer Be-

Welpen untereinander testen auch gerne ihre Grenzen aus. Solange beide positiv dabei lernen, ist das in Ordnung. (Foto: InfoHund Krämer)

treuer, die Ihnen mit Rat und Tat zur Seite stehen und Antworten auf all die vielen kleinen alltäglichen Fragen geben können.

Eine gute Welpenspielstunde zeichnet sich unter anderem dadurch aus, dass die Teilnehmeranzahl beschränkt ist und verschiedene Gruppen geführt werden. Meines Erachtens sollten es nie mehr als vier Welpen pro Hundeinstruktor sein. Die Einteilung der Gruppen sollte nach dem Entwicklungsstand und nicht nur rein nach der Größe oder dem Alter erfolgen. Es gibt Hunde, die mit 14 Lebenswochen noch das Verhalten eines zehnwöchigen Hundes zeigen und einfach ein wenig länger brauchen als andere.

Normalerweise endet die Welpenspielstunde mit 16 Wochen und dann wechselt man in die Junghundegruppe. Die Welpenspielstunde sollte nach den neuesten ethologischen Kenntnissen geführt werden. Damit meine ich, dass die Instruktoren fähig sind abzuschätzen, ob es sich noch um Spiel handelt oder ob einer der Welpen derart bedrängt wird, dass der einzige Lernerfolg der ist, dass der Kleine lernt, dass andere Hunde einem wehtun.

Leider kann ich Ihnen kein Patentrezept geben, wie man eine gute Gruppe findet. Ich kann nur empfehlen, zuerst einmal ohne Hund hinzugehen, zuzuschauen und mit den Instruktoren zu reden, um sich ein Bild zu machen. Was in diesen gemeinsamen Spielstunden abläuft, ist für Ihren kleinen Kumpel so wichtig und entscheidend für sein weiteres Sozialleben mit Artgenossen, dass ich nur sagen kann: Fahren Sie lieber eine Autostunde und gehen nur einmal die Woche mit dem Kleinen zu einer guten Welpenspielstunde als zwei- bis dreimal pro Woche ganz in der Nähe in eine Gruppe, die sich ihrer Verantwortung nicht bewusst ist.

In Ihrem täglichen Leben sollten Sie mit dem Welpen bis zu seiner zwölften Lebenswoche (manche Fachleute sagen auch bis zur 14. Lebenswoche) all das unternehmen, was Sie in den nächsten zwölf bis 14 Jahren mit ihm unternehmen möchten. Also Auto und Straßenbahn fahren, Menschen jeden Alters, jeden Geschlechtes kennen lernen, auch Menschen mit körperlichen Behinderungen oder mit dunkler Hautfarbe, durch belebte Straßen oder dunkle Wälder laufen, Hunde jeder Größe, jeder Rasse und jeden Alters kennen lernen, andere Tiere, Tierarztbesuche und, und, und ...

Das Programm liegt an Ihnen und an Ihrer Art zu leben. Wichtig ist dabei, dass Ihr kleiner Nugget alles Neue positiv erfährt und es ihm keine Angst oder Unbehagen bereitet. Beobach-

Skateboard-Fahrer gelassen zu übersehen kann ein Hund nicht früh genug lernen. (Foto: U. Schanz)

ten Sie ihn gut. Und wenn Sie feststellen, dass er mit einer Situation überfordert ist, dann brechen Sie sofort ab. Morgen ist auch noch ein Tag!

Bei Begegnungen mit anderen, erwachsenen Hunden wünschte ich mir, dass Sie an meine Worte denken, die da lauten: Es gibt keinen Welpenschutz! Wenigstens nicht so, wie man sich das hinlänglich vorstellt. Im biologischen Sinne ist Welpenschutz nur innerhalb der Verwandtschaft sinnvoll, also innerhalb einer Hundegruppe oder eines Wolfrudels. Denn selbst wenn ich als Hund der Onkel eines Welpen bin, so trägt er doch immer noch einen Teil meiner Gene in sich. Und wir haben ja bereits ganz am Anfang gelernt, dass das Wichtigste überhaupt ist, die eigenen Gene weiterzugeben. Die Hunde aber, die man auf Spaziergängen trifft, sind in aller Regel nicht mit Ihrem Welpen verwandt. Und so besteht für sie – rein biologisch gesehen – keinerlei Grund, auf Ihren Kleinen Rücksicht zu nehmen.

Zum Glück funktionieren da meistens noch andere biologische Mechanismen, die einen erwachsenen Hund normalerweise davon abhalten, einem Welpen Schaden zuzufügen, wie zum Beispiel das Kindchenschema. Runde Augen, runde Kopfform und allgemein welpenhaftes Aussehen lösen nämlich sowohl bei uns Menschen als auch bei erwachsenen Hunden eine gewisse beschützerische, „mütterliche“ Reaktion aus. Aber darauf verlassen sollten Sie sich nicht. Sie führen Ihren kleinen Nugget in die Welt hinaus und es liegt in Ihrer Verantwortung, was ihm da draußen widerfährt, welchen „Schliff“ er bekommt.

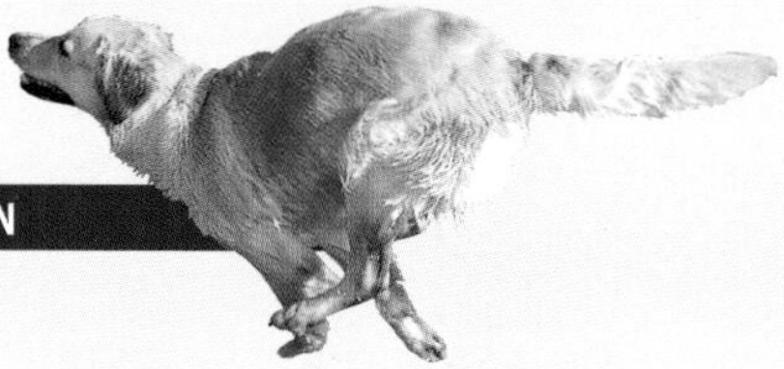

Die wilden Halbstarken

Wir haben es ja schon angesprochen: Aus Ihrem süßen Puppy wird ein schlaksiger, aufmüpfiger Junghund, der Sie manches Mal provoziert und herausfordert. Höchste Zeit, mit der Erziehung zu beginnen! Wenn unser Hund ins „Rüpelalter" kommt (meist beginnend zwischen dem vierten und sechsten Monat um den Zahnwechsel herum), zehrt das nämlich ganz schön an unseren Nerven und wir hätten nicht schlecht Lust, den frechen Fratz zurück zum Züchter zu bringen.

Aber wir sind Goldschürfer! Wir sind auf der Suche nach biologischen Hintergründen und deshalb verstehen wir mehr!

Es ist doch eine phantastische Einrichtung der Natur. Auf seine „unerzogene", provozierende Art macht der Hund es uns leicht, Regeln aufzustellen, Grenzen zu setzen. Im Wolfsrudel läuft es nicht anders ab. Die grenzenlose Narrenfreiheit der Welpen geht nun zu Ende. Es wird Zeit, sich in das Sozialgefüge einzugliedern. Es ist mir so wichtig, dass ich es an dieser Stelle noch einmal betonen möchte: Es geht unserem Bello, Fifi oder unserer Susi nicht darum, die Rudelführung zu übernehmen! Er will nur wissen: „Hab ich einen Rudelführer? Wie sehr ist auf ihn Verlass? Wie durchsetzungsfähig ist er? Und wo ist in dem Ganzen meine Stellung?" Er wird uns provozieren, bis er sich – sinnbildlich gesprochen – erleichtert zurücklehnen kann: „Ja, da ist ein Mensch, der weiß genau, was er will. Ich bin in besten Händen. Da kann ich Vertrauen haben! Und ich weiß für mich, wo ich stehe." Nebenbei bemerkt: Wir reden gerade von Unterordnung, diesem schrecklichen Ausdruck!

Meiner Erfahrung nach haben wir Menschen mit dem Erwachsenwerden unserer Hunde viel größere Probleme, als auf den ersten Blick ersichtlich ist. Wir haben unseren Hund im Alter von ungefähr acht bis zehn Wochen bekommen.

Gestern war die Welt noch in Ordnung, und plötzlich macht der Hund nicht mehr mit ... (Foto: Chr. Steimer)

Er war ein kleiner, beschützenswerter Welpe. Und nun wird aus dem tapsigen kleinen Kerl ein richtiger Hund. Häufig ist das Umdenken, dass das nun kein Welpe mehr ist, für uns sehr schwer, zumal die Entwicklung ja auch viel schneller verläuft als beim Menschen. Wenn Sie auf Spaziergängen Hundehalter treffen, deren Hunde schlecht oder gar nicht folgen und die Ihnen dann sagen: „Er ist ja auch erst eineinhalb Jahre alt", dann wissen Sie, dass Sie jemand vor sich haben, dem die Entwicklung seines Hundes entgangen ist. Sie, lieber Goldschürfer, haben wache Augen und das Wissen um die ganz normale Weiterentwicklung Ihres Hundes und behandeln ihn angemessen.

Ein Beispiel? Als Ihr Hund zehn, zwölf, vierzehn Wochen alt war, lief er Ihnen auch ohne Leine noch auf Schritt und Tritt hinterher. Aber plötzlich kommt dann der Zeitpunkt, an dem der Kleine andere Wege geht. Man biegt links ab und er sticht zielsicher in den Wald hinein in die andere Richtung. Statt sich über ihn zu ärgern, freuen Sie sich lieber! Jetzt haben Sie die Chance, ihn davon zu überzeugen, dass es bei Ihnen und um Sie herum spannender, erlebnisreicher und sicherer ist, als alleine in die Welt hinauszuziehen. Nun können Sie so richtig aktiv werden! Fangen Sie an, leichte Übungen mit ihm zu machen, die am Ende immer von einem Erfolgserlebnis gekrönt werden sollen. Das kann in Form von Lob, Spiel mit dem Lieblingsspielzeug oder einem Leckerli erfolgen. Turnen Sie mit ihm zusammen über Baumstümpfe, machen Renn- und Versteckspiele. Lassen Sie Ihrer Phantasie freien Lauf. Und dann werden Sie eines der großen Geheimnisse entdecken, das nur ein wahrer Hundefreund kennt: Ihr Hund ist nicht Ihr Kind! Sondern: Durch Ihren Hund haben Sie die Möglichkeit, noch mal ein Kind zu sein!

Schrecklich Ding: Unterordnung

Alleine das Wort bereitet einem demokratisch gesinnten Menschen bereits Mühe. Bedeutet es denn nicht, dass ich meinen Hund, soll er gut erzogen sein, unterwerfen muss, mir zum Untertan machen? Ihn unterdrücken? Ihm jeglichen eigenen Willen nehmen?

Die untergeordneten Hunde – sind das nicht jene, die man halb bewundernd, halb mitleidig beobachtet, wie sie am Knie ihres Herren kleben, ihre Augen nicht von ihm abwenden, stets bereit, Befehle zu empfangen und selbstverständlich auszuführen? Sind das nicht diese willenlosen Geschöpfe, die vermutlich in diesen Gehorsam hineingeprügelt und hineingeschrien worden sind und in endlosen Übungsstunden auf dem Dressurplatz abgerichtet wurden?

Ist es das, woran Sie denken, wenn Sie das Wort Unterordnung hören? So verwundert es nicht, dass Sie als Familienhundhalter auf Abstand gehen, wenn man von Ihnen verlangt, Sie sollen mit Ihrem Hund „mehr Unterordnung üben".

In vielen verhaltenstherapeutischen Fällen habe ich das schon erlebt: Irgendein liebenswürdiger Mensch hat einen Hund, der für ihn Partner, Lebensgefährte oder Kindesersatz darstellt. Daheim ist es ja auch der liebste Hund der Welt. Aber draußen, da macht der Hund die mannigfaltigsten Probleme. Hilfe suchend wird der Hundehalter über den Tierarzt zu mir geschickt.

Zunächst verstehen wir uns auch prächtig. Wir reden über das Problem, ich schaue mir die unerwünschten Verhaltensweisen des Tieres vor Ort an und stelle dann meine Diagnose. Mein lieber Hundehalter fühlt sich bei mir verstanden. Endlich mal jemand, der nicht auf ihm herumhackt, ihm erzählt, er habe einen Sch...köter, sondern ihm wirklich helfen will.

Und dann, dann spreche ich diesen verheerenden Satz aus: „Das bekommen Sie in den Griff, indem Sie mit dem Hund Unterordnung üben." Peng! Schlagartig kühlt damit unser Verhältnis merklich ab. Der Hundebesitzer rückt mit dem Stuhl ein Stück weiter weg von mir und hat diesen merkwürdigen Ausdruck des Vorwurfes im Gesicht. Selbst der Hund scheint mich mit Blicken töten zu wollen ... Wenn dann mein lieber Hundehalter überhaupt noch mit mir redet und es nicht plötzlich irrsinnig eilig hat, von mir wegzukommen, dann erklärt er mir, dass er keinen Polizeihund habe. Immerhin sei sein Hund sein Freund und dem tue man „so etwas" nicht an!

Dabei ist es ein Problem unserer Sprache. Denn was ich mit Unterordnung meine, hat nichts mit alledem zu tun, was ich zuvor beschrieben habe. Es hat etwas mit artgerechter Tierhaltung zu tun! Unterordnung bedeutet für mich, dass der Hund von uns Menschen so behandelt wird, dass es ihm möglich ist zu verstehen, was wir von ihm fordern! Unterordnung bedeutet auch, dass wir dem Hund die Sozialstruktur bieten, die er für ein ausgeglichenes Seelenleben braucht. Unterordnung bedeutet, dass wir unserem Hund ein guter Rudelführer sind und dass er weiß, wo sein Platz, seine Stellung in unserem Zusammenleben ist. Also sind wir wieder bei der Hierarchie. Wenn wir mal nachforschen, was dieses Wort im eigentlichen Sinne bedeutet, verliert es seinen Schrecken. Im *Duden – Das große Fremdwörterbuch* heißt es dazu:

Hierarchie (aus griechisch hierarchia „Amt des obersten Priesters"):

1. [pyramidenförmige] Rangordnung, Rangfolge, Über- und Unterordnungsverhältnisse.
2. Gesamtheit derer, die in der kirchlichen Rangordnung stehen.

Ein eingespieltes Team kann man nur werden, wenn einer den anderen versteht. (Foto: U. Schanz)

Das bedeutet also: Alle verfolgen das gleiche Ziel und zu diesem Zweck hat jeder seine Rangstellung. Klingt's nun nicht mehr ganz so drastisch?

Und da gibt's noch was ganz Tolles zu bedenken: Kein Hund, kein Wolf könnte sich selbst zum Rudelführer, zum „Alpha" ernennen, wenn der Rest des Rudels es in seiner Stellung nicht ständig bestätigen würde. Das bedeutet also, dass wir Menschen unseren Hund davon überzeugen müssen, dass wir es verdient haben, „Alpha" für ihn zu sein! Und zwar mit seinen Argumenten!

Großer Lehrer Wolf

Wer sonst als der Ururgroßvater all unserer Hunde könnte uns besser lehren, welche Qualitäten ein guter Rudelführer besitzen muss. Wie ist das also bei den Wölfen?

Der Anführer eines Wolfsrudels muss vor allem klug und erfahren sein, um das Überleben aller zu sichern. (Foto: U. Walz)

Auffallend ist, dass der Alpha-Wolf nicht unbedingt das größte, schönste oder kräftigste Tier sein muss. Wichtig ist, dass er am meisten Erfahrung hat. Nur so ist gewährleistet, dass er ein Rudel erfolgreich führen und somit dessen Weiterbestand sichern kann. Und Erfahrung ist eine Frage der Zeit. Demzufolge ist Alpha sicher kein junges Greenhorn, sondern ein Wolf in den besten Jahren.

Weit verbreitet kursieren in unserer menschlichen Vorstellung zwei extrem verschiedene Meinungen darüber, wie es in einem Wolfsrudel zugeht. Die einen denken, so ein Wolfsrudel sei eine aggressive Gemeinschaft. Da gäbe es Kampf, Unterdrückung, die reinste Diktatur. Einer nennt sich Alpha und alle anderen werden geknebelt und gegeißelt und müssen spuren. Die anderen denken, ein Wolfsrudel sei eine antiautoritär geführte Ansammlung von Wölfen und alles Tun wäre geprägt von Freundlichkeit und Liebe und Zuneigung zueinander. Alle Wölfe sind nur beieinander, weil sie sich so schrecklich lieb haben. Ich kann Ihnen ganz sicher sagen: Beides ist Quatsch!

Kaufen wir uns Literatur über Wölfe, so handelt es sich immer um Gehege- oder Freilandbeobachtungsberichte und bald klaffen die Meinungen auseinander. Da ist das Rudel 14 Wölfe stark, da sind's nur fünf Mitglieder. Da jagt der Wolf Hasen und dort stellt er ganze Moschusochsen! Da steht geschrieben, dass der Ranghöchste als Erster frisst, und im anderen Buch steht, dass zuerst die Welpen fressen durften. Im einen Werk heißt es, dass nur die Alpha-Wölfin Junge bekommt, in einem anderen Buch wird beschrieben, wie mehrere Weibchen ihre Jungen zusammen aufgezogen haben. Was stimmt denn nun eigentlich?

Wir wären schlechte Goldschürfer, würden wir der Sache nicht auf den Grund gehen und die biologischen Zusammenhänge ergründen wollten!

Böser Wolf – guter Wolf

Die Stimmung in einem Wolfsrudel beinhaltet alle Nuancen eines Zusammenlebens, also von freundlich bis hin zu aggressiv. Ausschlaggebend für die Stimmung sind verschiedene Faktoren:

Die Geschlechterverteilung

Wie groß ist die Fortpflanzungskonkurrenz? Wie viele zeugungsfähige Weibchen/Männchen gibt es und welche Position haben sie innerhalb des Rudels?

Übrigens gibt es bei Hund und Wolf zwei verschiedene, geschlechtlich voneinander getrennte Rangordnungen. Bei den Weibchen gibt es eine Alpha-Wölfin und alle anderen Weibchen stehen unter ihr, ohne dass sie untereinander weitere Rangpositionen bestimmen. Bei den Rüden hingegen wird von Alpha bis Omega ausgefochten, wer welchen Platz in der Rangordnung einnimmt.

→ Das ist auch bei unseren Hunden so. Nur, dass unsere Rüden eigentlich unter „Dauerdruck“ stehen, weil es ständig und überall läufige Weibchen gibt. Und nicht nur einmal im Jahr wie beim Wolf.

Nicht jede „Anmache“ im Rudel führt zu einer Auseinandersetzung. Wer nachgibt, ist entweder randniedriger oder am anderen als Partner interessiert. (Foto: U. Walz)

Die Jahreszeit

So herrscht während der Paarungszeit, also im Winter, eine ziemlich aggressive Stimmung im Rudel, während mit der Geburt der Welpen und den ganzen Sommer hindurch während deren Aufzucht ein freundlich-ausgeglichenes Klima im Rudel besteht.

Nun geht es immerhin darum, einen Wurf Welpen gemeinsam großzuziehen, der den Fortbestand des Rudels sichern soll!

→ Bei unseren Hunden fällt dieser Aspekt nicht mehr ins Gewicht, denn dadurch, dass wir Hunde züchten, gibt es das ganze Jahr hin-

Bei der Jagd übernimmt jeder eine bestimmte Aufgabe und alle konzentrieren sich auf den gemeinsamen Jagderfolg. (Foto: U. Walz)

durch läufige Weibchen und manchmal übernehmen sogar wir Menschen die Aufzucht. Sie passiert nicht innerhalb eines Hundeverbands.

Der Ernährungszustand

Es ist ein biologisches Gesetz, das besagt: Mit dem Anstieg der Qualität oder der Quantität der Nahrung investiert das Tier umso mehr Energie in dessen Verteidigung. Das heißt also im Klartext: Muss der Wolf tagelange Strecken zurücklegen, um dann schlussendlich ein ausgemergeltes Wild zu erlegen, bleibt ihm wenig Energie, um dies auch noch großartig gegen Rudelmitglieder zu verteidigen. Wenn man aber Wölfe in Gehegehaltung beobachtet, die regelmäßig Futter bekommen, so stellt man fest, dass die Futteraggression enorm ansteigt. Klar, der Wolf braucht keine Energie zum Jagen, also kann er seine Energie für die Verteidigung der Nahrung „verschwenden".

→ Das erleben wir ja auch häufig bei unseren Haushunden. Da sie sich nicht um den Futtererwerb kümmern müssen, haben Sie mehr Energie für andere Dinge vorrätig. Im Übrigen auch Energie zum Spielen! Auch die Wölfe spielen gerne, allerdings nur, wenn es ihr Energiehaushalt zulässt, auf diese Weise „Power" zu verpuffen.

Die Altersstruktur

So kann zum Beispiel durch eine Naturkatastrophe wie ein Waldbrand das Rudel dezimiert werden. Auf diese Weise könnte es passieren, dass ein jugendlicher Wolf plötzlich in die Lage kommt, Alpha zu werden.

Die Umwelteinflüsse

Für die Rudelgröße ist entscheidend, was an Beutetieren vorhanden ist und wie viel Energie zu deren Jagd aufgebracht werden muss. Ein großes Beutetiere wie ein Moschusochse kann

Ein Wolfsrudel hält zusammen, denn ein „Aussteiger“ kann im Winter kaum allein überleben und wird selten in einem anderen Rudel aufgenommen. (Foto: U. Walz)

täglich große Strecken zurücklegen und kann von nur einem Wolf alleine rein energiemäßig nur schwerlich erlegt werden. Es braucht also ein größeres Rudel.

Ferner fällt hierunter: Wie groß ist das Territorium, das dem Rudel zur Verfügung steht? Wie viele Tiere werden von Autos oder Zügen überfahren oder vom Menschen getötet und so weiter?

→ Bei unseren Hunden sind die Umwelteinflüsse vor allem wie bereits erwähnt bei der sensiblen Phase von größter Bedeutung. Dazu gehört auch, dass ein Hund von uns Menschen gelehrt bekommen muss, wie man an anderen Hunden ruhig vorbeiläuft, auch wenn er selbst an der Leine ist.

Der Verwandtschaftsgrad

Es ist ein biologisches Gesetz, dass Verwandtenselektion stattfindet. In der Biologie ist erstes Gebot, seine eigenen Gene weiterzugeben. Dies kann erreicht werden durch Fortpflanzung, aber auch durch Verwandtenselektion. So bekommt in einem Wolfsrudel in der Regel ja nur die Alpha-Wölfin Junge. Man beobachtet aber häufig, dass sich andere Wölfinnen ebenso rührend um diese Welpen kümmern. Das sind dann zum Beispiel Schwestern der Alpha-Wölfin oder auch Töchter aus den Vorjahren. Indem sie ihrer Schwester beziehungsweise Mutter bei der Aufzucht helfen, wird nämlich durch das Überleben der Welpen immerhin ein Viertel der eigenen Gene weiterleben. Besser als gar nichts!

Wir sehen also, dass weder die Größe eines Rudels noch die Stimmung, die im Rudel herrscht, vom Zufall regiert wird, sondern dass alles durch biologische, ökonomische und ökologische Faktoren beeinflusst wird. Und genauso sind die Reaktionen unserer Hunde nie willkürlich, sondern haben immer ihre biologische Berechtigung und ihren natürlichen Grund.

Das Wichtigste, was wir vom Wolf als Vorfahren unserer aller Hunde lernen sollten, ist: Alpha – also das, was wir für unseren Hund sein wollen und sein sollten! – ist eine beeindruckende Gestalt. Alpha ist wunderbar souverän und strahlt eine enorme innere Stärke aus. Das können wir auch erreichen, selbst wenn wir 1,50 Meter groß und eigentlich im Grunde kein sehr selbstsicherer Mensch sind! Denn Wissen bringt Sicherheit. Und je mehr wir uns mit dem Wesen unserer Hunde im Allgemeinen und unseres eigenen Hundes im Speziellen auseinander setzen, desto mehr wissen wir über seine voraussichtliche Reaktion und sind fähig, souverän bereits im Vorfeld zu reagieren und die Lage unter Kontrolle zu behalten!

Der mit dem Wolf tanzt …

… versteht schlicht und ergreifend seine Sprache. Die Sprache des Wolfes beziehungsweise des Hundes unterscheidet sich von unserer eigentlich nur in einem ganz gravierenden Punkt voneinander: Wir reden und reden und reden. Und der Hund redet nonverbal, das heißt mit seinem Körper. Und genauso liest er unsere Körpersprache. Die Worte sind zweitrangig. Sagen Sie mal zu Ihrem Hund in freundlichem, überschwänglichem Tonfall: „Na du kleines Krümelmonster! Du unmögliches Hundevieh!“ Hundi freut sich! Er hat gelernt, wie ein Mensch klingt, wenn er es freundlich meint, und er sieht unserer Gestik und Mimik an, dass wir fröhlich gestimmt sind. Die Bedeutung der Wörter ist ihm ganz egal!

Wenn Sie mit Ihrem Hund einen Spaziergang machen und er sich unmöglich verhält, obwohl er normalerweise ein Goldstück ist, kontrollieren Sie sich selbst! Hatten Sie Ärger und sind innerlich noch auf 100? Oder hat Sie der Chef heruntergeputzt und Sie fühlen sich wie ein Wurm? Sind Sie einfach nur gestresst, weil der Tag mal wieder zu wenig Stunden hat?

Der Hund vertraut der Körpersprache, ob er jetzt „Schätzchen“ oder „Mistköter“ genannt wird, ist ihm egal. (Foto: U. Schanz)

Ihr Hund liest es an Ihrem Körper ab! Er kann Ihren Ärger, Traurigkeit oder Abgespanntheit natürlich nicht einordnen. Aber er reagiert auf seine Weise. Kann sein, dass er wie elektrisiert alles ankläfft. Kann sein, dass er frustriert hinter Ihnen her trottet oder er haut einfach ab und geht eine Runde jagen. Ihr Hund sieht und spürt einfach einen Spannungszustand und da er für ihn nicht erklärbar ist, probiert er, ihn auf seine Weise zu verarbeiten.

Wenn wir ein Wolfsrudel beobachten oder einen Film über Wölfe sehen, werden wir alleine an der Körperhaltung früher oder später sagen können, wer der Leitwolf ist. Alpha ist cool, er bewegt sich stolz-erhaben, aber entspannt. Würde er herumschleichen „wie ein geprügelter Hund“, würden jugendliche Rudelmitglieder als Anwärter auf seine Position sofort versuchen, seine Schwäche auszunutzen. Und würde er wild kläffend herumspritzen, käme das ganze Rudel in Aufruhr.

Sie denken: „Ja darf ich nur wegen meinem Hund noch nicht mal wütend oder traurig sein?“ Klar dürfen Sie! Aber wundern Sie sich nicht, wenn Ihr Hund auf Ihre Stimmung reagiert! Und vor allem: Klagen Sie ihn nicht an: „Jetzt bin ich schon nicht fit und du, Hund, musst mich heute auch noch so stressen!“

Und noch ein Geheimtipp, lieber Goldschürfer: Lassen Sie sich von der guten Laune Ihres Hundes anstecken, lassen Sie den Alltag hinter sich zurück, spielen mit Ihrem Hund, toben sich gemeinsam aus ... und da darf es dann auch ruhig mal burschikos zugehen. Sie werden sehen, wie gut auch Ihnen das tut und wie der Stress des Tages abfällt! Sie werden sehen, dass es auch Ihnen danach wieder besser geht!

Ein anderes Beispiel, wie der Hund auf unsere menschliche Körpersprache reagiert, ist dieses: Ihr Hund hat in Ihrer Abwesenheit wieder mal alles Mögliche vom Tisch geklaut oder den Müllsack systematisch über die ganze Wohnung verteilt. Sie kommen nach Hause und sehen gleich, was da passiert ist. Was dann folgt, wird sehr häufig mit den Worten beschrieben: „Er weiß genau, dass er das nicht darf, denn er zeigt ein schlechtes Gewissen."

Nun, die Natur ist manchmal hart. Aber andererseits auch sehr gnädig. Sie hat unsere Hunde nämlich davor verschont, ein Gewissen oder moralische Vorstellungen zu haben. Ich höre Sie stöhnen?! Wieder so eine, die einem erzählen will, dass ein Hund „kein schlechtes Gewissen hat". Stimmt! Der Hund ist „lediglich" ein Verknüpfungskünstler! Er hat nämlich aus Erfahrung gelernt: „Wenn Frauchen heimkommt und der Müll am Boden zerstreut herumliegt, dann – und nur dann! – ist sie wütend. (Er weiß, dass wir sauer sind, weil der Müll am Boden liegt! Er hat aber nicht kombiniert, dass wir sauer sind, weil *er* den Müll verteilt hat! Ein gravierender Unterschied!) Dann schimpft Frauchen also, sie hat einen bösen, starren Blick und ein Grollen in der Stimme. Ich beschwichtige sie dann mit meiner unterwürfigen Körperhaltung (Kopf wegdrehen und Blick abwenden, auf die Seite rollen, vielleicht Schwanz einklemmen)."

Wir Menschen behaupten dann, das sei das schlechte Gewissen des Hundes. Dabei sollten wir doch schlauer sein und nicht vergessen, dass der Hund wie ein Hund denkt und nicht wie ein Mensch und dass er sich als Spezialist im Lesen von Körpersprache schon lange auf uns und unsere Reaktionen eingestellt hat! Wer das begreift, ist auf eine Goldader in Sachen Hundeverstand gestoßen!

Ein schlechtes Gewissen hat er nicht – solange kein Mensch sich aufregt. (Foto: U. Schanz)

Was spricht der Hund?

Um unseren Körpersprachespezialisten Hund besser zu verstehen, müssen wir ihn gut beobachten und lernen, seine Signale zu deuten. Die folgende Aufstellung ist nicht vollständig und kann nicht alle Nuancen der Körpersprache des Hundes umfassen. Sie soll nur eine kleine Faust-

Noch steht dieser Hund ganz entspannt, gelassen ...

regel darstellen, die es Ihnen erleichtert, den Blick für Ihren Hund zu schulen. Bitte geben Sie sich nicht der Versuchung hin, nur den Schwanz oder sonst ein Körperteil zu beobachten, der ganze Körper ist wichtig!

Ihr Hund wedelt. Das heißt aber nicht grundsätzlich, dass er sich freut! Sie haben sicher schon beobachtet, dass ein freudiges Wedeln weit und ausladend ist und in einem gelassenen Rhythmus durchgeführt wird. Aber da gibt es noch das hektische, kurze Wedeln bei star-

... hier ist er bereits irritiert und verunsichert, und zeigt das deutlich.

Mit seinem ganzen Körper drückt er hier Unterwürfigkeit aus ...

... während hier gerade die letzte Warnung vor einem Angriff signalisiert wird. (Fotos: Chr. Steimer)

ker Erregung oder Unsicherheit. Zum Beispiel, wenn ein fremder Rüde begrüßt wird und Ihr Hund noch nicht weiß, ob dieser Freund oder Feind ist.

Das Schwanzwedeln signalisiert grundsätzlich nur, dass sich der Hund in einem Erregungszustand befindet. Das kann positive oder negative Erregung sein. Nur wenn man den ganzen Hund mit all seinen Körpersignalen anschaut, kann man sehen, was in ihm vorgeht.

	Kopf	Blick	Ohren
Normale Körperhaltung eines ausgeglichenen Hundes	leicht angehoben	entspannt, offen	Schlappohren: nach oben gerichtet Stehohren: Ohrwurzel nach vorn gezogen
Ängstlicher, unterwürfiger Hund (passive Unterwerfung)	abgewendet, zur Seite gedreht	Blickkontakt wird vermieden	zeigen nach hinten mit straffer Stirnhaut
	Der ganze Hund macht sich klein, so als wolle er sich in ein Mauseloch verkriechen.		
Ängstlicher, unterwürfiger Hund (aktive Unterwerfung)	mit seitlich nach unten gedrehtem Kopf versucht er als Beschwichtigungsgeste den Mundwinkel des anderen anzustupsen	auf das Visavis gerichtet, aber kein Starren	gespreizt, eng am Kopf angelegt
	Dabei sind die Beine eingeknickt, praktisch dazu bereit, sich auf den Rücken fallen zu lassen, um sich vollends zu unterwerfen. Auch der Milchtritt (Pföteln) gehört zur aktiven Unterwerfung. Viele Hunde versuchen die Anspannung loszuwerden, indem sie probieren, das Visavis mit übertriebenen Bewegungen zu einem Spiel umzustimmen.		
Unsicherer Hund (schwankt zwischen Unterwerfung und Aggression)	gesenkt	unruhig	nach hinten
Aggressiv drohender Hund	dem Visavis zugewandt mit gebleckten Vorderzähnen	starres Fixieren	nach hinten gezogene Ohrwurzel
	Dieser Hund ist bereit, sich durchzusetzen und einen Kampf aufzunehmen.		
Defensiv drohender Hund	dem Visavis zugewandt mit bis zu den Backenzähnen gebleckten Zähnen und sichtbarem Zahnfleisch	zielgerichtet, aber kein Starren	liegen eng am Hinterkopf an
	Dieser Hund will in Ruhe gelassen werden und einer Konfrontation aus dem Weg gehen.		

FELL	SCHWANZ
nicht gestellt, sondern normal anliegend	baumelnd bis locker angehoben
anliegend	eingezogen, eventuell zwischen die Hinterbeine geklemmt
anliegend	wedelt kurzschwingend und schnell
unter Umständen leicht gesträubt	eingekniffen
gesträubt, vor allem im Nackenbereich	weit über die Rückenlinie hinausgestellt
gesträubt durch Anspannung	eingekniffen

Schwieriger ist das natürlich bei Rassen, deren Körpersprache aufgrund ihrer Züchtung gar nicht mehr klar ersichtlich sind. Bei einem kurzbeinigen Dackel ist es schwieriger zu erkennen, ob er gerade prahlerisch die Beine durchstreckt oder ängstlich hinten einknickt. Bei einem Bobtail oder einem Pudel ist das Spiel der Gesichtsmimik weitaus schwieriger zu erkennen und so weiter. Daher kann diese Liste nicht vollständig sein, haben wir mittlerweile doch über 300 Rassen.

Der Angeber, der seinem Visavis imponieren will, versucht aufzureiten, legt dem anderen die Pfoten oder seinen Kopf auf den Rücken, umkreist den anderen mit extrem steifem Gang. Dabei nimmt der Angeber entweder eine Parallelstellung zum anderen ein (Kopf/Kopf, Schwanz/Schwanz) oder positioniert sich in der so genannten T-Stellung seitlich vor ihm. Damit zeigt er dem anderen Hund: „Schau, Kleiner, ich bin der Stärkste und fürchte nichts! Ich schränke deine Bewegungsfreiheit ein, und wenn du hier vorbeiwillst, musst du dich zuerst mit mir befassen."

Zum hundlichen Imponiergehabe gehört ebenfalls übermäßiges, demonstratives Markieren, wieder und wieder, sowie danach extrem übertriebenes Scharren mit den Hinterbeinen oder sogar allen vier Pfoten. Und wenn kein anderer da ist, Ihr Hund aber wie wild markiert und scharrt und eventuell sogar den markierten Baum inbrünstig anknurrt, dann ärgert er sich maßlos darüber, dass der andere hier war und es sich erlaubt hat, ebenfalls seine Marke zu hinterlassen!

Erziehung und Körpersprache

Auch in der Erziehung können wir unseren Hunden einen großen Dienst erweisen, wenn wir ihre Fähigkeit, mit dem Körper zu sprechen und zu lesen, für unsere Zwecke einsetzen.

Angenommen, Sie möchten mit Ihrem Hund Fuß, Sitz, Platz, Bleib und so weiter ganz für sich alleine üben, dann überlegen Sie bereits im Vorfeld, wie der Ablauf der Übungen sein soll. So irren Sie nicht ziellos durch die Gegend, immer überlegend, was als Nächstes zu tun ist, sondern können zielstrebig drauflosla ufen. Das macht Ihrem Hund gehörig Eindruck, denn für ihn bedeutet dies: „Oha! Herrchen weiß, was und wohin er will." Zielstrebigkeit, Entschlossenheit – das sind Zeichen für Stärke. Und daran orientiert sich Ihr Hund gerne.

Achten Sie auch auf Ihre Körperhaltung, während Sie den Hund an der Leine führen. Soll er lernen, korrekt an der Leine zu laufen, ohne zu ziehen oder im Zickzack vor Ihren Füßen herumzulaufen, müssen Sie ganz klar die Richtung und das Tempo angeben. Wählen Sie dafür weiter entfernte Ziele, zum Beispiel den nächsten Baum, die nächste Weggabelung, um zu vermeiden, dass man selbst beginnt, Kurven zu laufen und den Hund damit schlussendlich mehr irritiert als führt. Richten Sie Ihren Blick auf das ausgesuchte Ziel – und bitte nicht auf den Hund! Zum einen ist es nicht möglich, eine Gerade zu laufen, wenn man ständig nach unten schaut. Zum anderen könnte Ihr Hund den Eindruck gewinnen, dass Sie sicher sein möchten, von ihm begleitet (und eventuell sogar beschützt) zu werden.

Denken Sie daran: Sie sind der Rudelführer und bestimmen den Weg, das Ziel und die Geschwindigkeit! Nicht, weil Sie so egoistisch sind, sondern weil Sie ein guter Leitwolf sein wollen und einen glücklichen Hund haben möchten.

Wer sich mehr auf seinen Begleiter konzentriert als auf das Ziel, signalisiert Unsicherheit. (Foto: U. Schanz)

Es ist absolut sinnlos, täglich eine Stunde zu exerzieren, denn Ihr Hund verliert dann nur den Spaß am Lernen. Am besten bauen Sie zweimal täglich in Ihre Spaziergänge zehn Minuten Gehorsamstraining ein. Zuerst wird das Geschäft erledigt und ein wenig Dampf abgelassen, dann zehn Minuten Übungen gemacht und danach als Lob wieder gespielt oder Freilauf geboten. Häufige Wiederholungen bewirken einen Automatisierungsprozess (wie unser tägliches Zähneputzen) und das Gelernte geht so in Fleisch und Blut über.

Unser kluger Wolf macht uns in Sachen Erziehung noch mehr vor: Alpha erhebt sich und läuft zielstrebig drauflos. Das Rudel folgt ihm. Wer nicht folgt, muss sehen, wo er bleibt und dass er den Anschluss ans Rudel nicht verliert. Sie finden das hart?

Aber dann sollten Sie wissen, dass Alpha auch der ist, der bei Tiefschneewanderungen vorausläuft und den anderen sozusagen eine Schneise bahnt. Die Letzten sind die Rangniedrigsten – also die Schwächsten – und sie haben dann bereits eine schöne Spur, in der sie laufen und dem Rudel folgen können.

Aus diesem wölfischen Verhalten heraus erklären sich auch einige goldene Regeln der Hundeerziehung. Beim Freilauf lernt Ihr Hund auf diese Weise ganz selbstverständlich, dass er zusehen muss, Sie nicht zu verlieren. Und nicht umgekehrt! Suchen Sie sich zunächst eine ruhige Wiese (vielleicht finden Sie sogar ein eingezäuntes Gelände) ohne größere Ablenkungen von außen. Setzen Sie sich auf die Wiese und lassen Ihren Hund herumwuseln. Dann plötzlich stehen Sie auf und laufen zielstrebig davon, ohne Ihren Hund zu rufen oder nach ihm zurückzuschauen. Sobald sich dann der Hund auf Ihrer Höhe befindet, loben Sie ihn überschwänglich für sein Kommen.

Wie? Er ist nicht gekommen? Dann müssen Sie sich interessant machen. Knien Sie sich hin und spielen mit einem Grashalm oder einen Stock. Tun Sie so, als hätten Sie etwas Superinteressantes gefunden. Hüpfen, rennen Sie ein Stück. Alle Hunde sind neugierig und so wird auch Ihr Hund irgendwann wissen wollen, was Sie da treiben. Wichtig ist: Wenn er dann zu Ihnen gekommen ist, laufen Sie mit ihm weiter und beziehen ihn in Ihr Spiel mit ein. Wenn Sie ihn jetzt nämlich anfassen, streicheln oder sogar anleinen, lernt der Hund nur, dass er das nächste Mal nicht mehr ganz so nah zu Ihnen kommen darf, weil es dann ja aus ist mit dem schönen Freilauf. Das ist wiederum Lernen am Erfolg. Wenn der Hund kommt, gibt es Lob und Belohnung. Kommt der Hund nicht, wird er nicht beachtet.

Rufen Sie bitte auch nicht ständig Ihrem Hund hinterher. Er gewöhnt sich lediglich daran, dass Sie es offensichtlich brauchen, ewig seinen Namen auszusprechen. Der Name des Hundes soll für ihn etwas Angenehmes darstellen. Der Name ist das Signal dafür: „Hui, mein Chef hat eine Idee, was wir nun zusammen machen könnten, wie toll!“ Und dementsprechend wichtig ist es, dass Sie den Namen des Hundes nicht zum Schimpfwort machen. Wenn Ihr Oskar etwas anstellt, dann legen Sie die Wut also nicht in seinen Namen und schreien: „Oskar!!!“ Rufen Sie stattdessen wie immer: „Oskar“, und dann erst folgt ein grollendes „Nein!!!“.

Beim Thema Name des Hundes möchte ich noch einen Moment verweilen. Wenn wir uns in unserem täglichen Ablauf einmal selbst belauschen, dann werden wir vermutlich alle erschrecken, wie oft wir den Namen des Hundes nennen, ohne dass dies eine Aufforderungen an ihn ist. Beispiel? „O je, Oskar, jetzt hab ich vergessen, die Tante anzurufen.“ Was soll denn Ihr Hund da tun? Was sagt ihm dieser Satz? Nix! Der Name fordert Ihren Hund auf: „Schau mich an! Ich rede mit dir. Oder ich möchte dir einen Befehl geben.“ Aber für das tägliche Geplauder ist der Name des Hundes nicht geeignet. Der Hund stumpft ab, hört er seinen Namen stän-

Wo etwas interessant ist und noch eine Belohnung winkt, muss jeder Hund dranbleiben. (Foto: U. Schanz)

dig. Das würde Ihnen auch nicht anders gehen! Deshalb empfehle ich allen gesprächsfreudigen Goldschürfern, sich für das alltägliche Geplauder einen Kosenamen auszudenken, der keine Aufforderung an den Hund ist und dem kein Befehl folgt, sondern einfach uns Menschen in unseren Bedürfnissen entgegenkommt. Da ist dann also der Oskar zum Beispiel der „Nasenbär" oder die „Kuschelmaus".

Gehen Sie durch einen Engpass, sei es eine Treppe, ein Gartentor, ein schmaler Durchgang, eine Eingangstüre, so soll der Hund hinter Ihnen laufen. Alpha geht voraus und prüft die Lage! Und da Sie den Bedürfnissen Ihres Hundes gerecht werden möchten, sind Sie Alpha!

Natürlich haben Sie damit eine Art Vormachtstellung inne, aber das Anführen Ihrer kleinen Mensch-Hund-Gruppe bedeutet auch, dass Sie der Erste sind, der sich dem Ungewissen, was nach dieser Engstelle kommen mag, aussetzt.

Denken Sie zurück an Ihre Kindheit. Irgendwann einmal hatten Sie Angst, im Keller könnten Geister und Hexen leben, und waren dankbar, sich hinter der Mutter verstecken zu können, die tapfer die Kellertreppe hinunterstieg, um sicherzustellen, dass keine Gefahr besteht, wenn dort unten eine neue Flasche Mineralwasser zu holen ist. Schon vergessen, wie gut dieses Gefühl war, von dem Druck, als Erster gehen zu müssen, entlastet zu werden?

Ich höre förmlich Ihren Einwand: „Mein Hund will aber vorausgehen! Er zieht so lange, bis er an der Spitze ist!" Natürlich, denn Ihr Nugget hat's nicht anders gelernt. Früher, als er Welpe war, trottete er – sogar ohne Leine – noch wie

Engstellen zeigen, wer der Boss ist und wer das Sagen im Rudel hat. (Foto: U. Schanz)

selbstverständlich Ihren Füßen hinterher. Als dann die Zeit kam, da er nach Führung suchte, hat er sie bei Ihnen nicht (ausreichend) gefunden und nun ist es sein Privileg vorauszuziehen. Da gibt es nichts anderes, als umzulernen. Ich kann Ihnen gar nicht sagen, wie unheimlich wichtig es für eine gesunde Rangordnung ist, dass der Hund lernt, hinter seinem Menschen durch solche Engpässe zu gehen. Wer vorausgeht, der führt. Sicher werden Sie einige Zeit brauchen, um Ihren Hund umzugewöhnen. Aber es zahlt sich aus. Sie machen ihm damit unmissverständlich klar, wer hier führt. Es liegt an Ihrem konsequenten Daraufbeharren, wie lange Sie für das Umlernen brauchen.

Früher dachte man, es sei von größter Bedeutung, ob der Hund vor oder nach dem Menschen sein Fressen bekommt. Sie haben aber vorher im Kapitel „Böser Wolf – guter Wolf" bereits gelernt, dass da etwas nicht stimmen kann. Denn ob es Futteraggression gibt oder nicht, hängt davon ab, wie viel Energie für das Fressen erbracht werden muss und wie viele Futterressourcen vorhanden sind. Heute weiß man, dass das Vorausgehen an unübersichtlichen Stellen und das Herumliegen an strategisch wichtigen, auch erhöhten Plätzen, ein sicheres Zeichen für einen hohen Rang ist. Und das ist Ihr Rang, lieber Goldschürfer!

Wenn Sie einen Hund haben, der Sie bei Ihren Bemühungen, vor ihm in die Wohnung zu kommen, sehr hartnäckig infrage stellt, dann empfiehlt es sich sogar, bei jedem Betreten der Wohnung ganz entschlossen und ausgiebig die Füße auf der Fußmatte abzustreifen. Jetzt lachen Sie, aber für den Hund sieht es aus wie mit den Hinterbeinen scharren. Und das ist eine Imponiergeste, ein Markieren. Zeigen Sie es dem Hund mit seiner Sprache, und er wird verstehen!

Bevor wir uns an das nächste Kapitel machen, möchte ich noch ein weiteres Beispiel für den Zusammenhang von Körpersprache und Erziehung anführen. Hierbei geht es um ein weit verbreitetes Problem. Der Hund bellt und kläfft und tobt, wenn er angeleint an anderen Hunden (oder auch an Joggern und so weiter) vorbeilaufen soll. Beginnen wir wieder damit, unser

An der Leine überträgt sich die kleinste Anspannung des Menschen auf den Hund. Nur wenn er gelassen bleibt, kann es auch der Hund sein. (Foto: InfoHund Krämer)

eigenes Verhalten kritisch zu durchleuchten. (Nicht, weil ich auf Ihnen herumhacken möchte, sondern weil es einfacher ist, bei sich selber Korrekturen vorzunehmen als bei anderen!)

Sie wissen, dass Ihr Hund bei Begegnungen mit anderen Hunden an der Leine mit Bellen reagiert. Sie sind mit Ihrem Hund unterwegs und sehen, dass da ein anderer Hund auf Sie zukommt. Was passiert ganz unbewusst und automatisch bei Ihnen? Sie haben aus früheren Erfahrungen gelernt, Ihr Schritt verzögert sich (wenn auch fast unmerklich!), Ihr ganzer Körper spannt sich an („Oh nein, jetzt geht das Theater gleich wieder los!") und womöglich ziehen Sie Ihren Hund auch noch näher an sich heran, nur um sicher zu sein, dass Sie ihn im kritischen Moment wirklich halten können.

Ihre Reaktion ist verständlich. Aber was signalisieren Sie – Sie als Rudelführer! – damit Ihrem Hund? Verzögerter Schritt = Oh, ich bin unsicher; Anspannung = Achtung, da kommt Gefahr; Hund heranziehen = Bleib schön in meiner Nähe, wir kämpfen gemeinsam! Na ja, und dann passiert, was schon so oft passiert ist: Ihr Hund wertet die Körpersignale auf hündische Art und knallt sich tapfer in die Leine, um den Erzfeind, der da kommt, zu vertreiben! Meistens ist dieses Bestreben auch von Erfolg gekrönt, denn der andere Hund verschwindet irgendwie und irgendwohin (sein Frauchen schleppt ihn auf die andere Straßenseite oder Ähnliches). Ha, wir haben gewonnen! Vielleicht fangen Sie auch noch wütend an zu schimpfen? Sie schimpfen zwar mit Ihrem Hund, aber er meint, Sie seien –

wie er – wütend auf den anderen Hund: „Wow, ist der wütend! Er kläfft mit mir mit!“ Und schon ist ein hübsches Ritual geboren, das ab sofort bei jeder Hundebegegnung an der Leine praktiziert wird.

Aber keine Angst! Sie werden diesen Teufelskreis durchbrechen, wenn Sie immer daran denken, wie sehr Sie Ihren Hund entlasten können, wenn Sie ihm die Aufgabe der Rudelführung abnehmen. Nirgendwo entstehen derart viel Missverständnisse als bei der Leinenführung. Die Leine ist nicht dazu da, Ihren Hund an Sie zu binden. Primär ist die Leine dazu da, Ihren Hund davor zu schützen, vor ein Auto zu laufen, und ein Mittel, ihn sicher durch alle schwierigen Situationen unserer Zivilisation zu führen. Wenn Ihr Hund aber an der Leine tobt, weil er an einem anderen Hund vorbeilaufen soll, dann kann doch also etwas nicht stimmen. Dann kann doch keine Rede davon sein, dass Sie ihn sicher durch eine Situation führen. Stimmt's? Also ist da zwischen Ihnen ein Missverständnis. Sie ziehen, weil Sie ihn zurückhalten wollen, und er zieht, weil er meint, dass Sie ihn mit dem Leinenzug in seinen Bemühungen, den anderen Hund anzudrohen, unterstützen.

Sicher finden Sie im Freundes- oder Bekanntenkreis jemand, der bereit ist, Sie einmal in so einer Situation zu filmen. Sehen Sie sich das Video danach ein paar Mal genau an. Ich bin sicher, dass Sie den Fehler finden werden. Halten Sie die Leine zu straff, statt sie schön locker durchhängen zu lassen? Verzögern Sie unwillkürlich Ihr Tempo? Analysieren Sie sich und Ihren Hund. Und dann braucht es nur noch ein wenig Selbstkontrolle bei der nächsten Hundebegegnung und mit jedem kleinen Teilerfolg werden Sie und Ihr Hund sicherer. Das Ziel ist, dass Sie mit Ihrem Nugget so laufen, als wenn da kein anderer Hund käme, und vor allem, als wenn da noch nie ein Problem gewesen wäre. Auch wenn ich leider nicht in der Lage bin, Sie bei den ersten Malen praktisch zu begleiten, bin ich sicher, dass Sie es schaffen, Ihre bisherigen schlechten Erfahrungen aus Ihren Gedanken zu waschen – und zurück bleibt glitzerndes Gold!

Lassen Sie uns noch einen Moment bei der menschlichen Körpersprache verweilen und bei der Frage: Wie setze ich meine Körperhaltung in Sachen Erziehung ein? Denn genauso wie der Hund senden auch wir ständig und immerzu Signale mit unserem Körper aus. Auch bei uns Menschen kann man zum Beispiel Territorialverhalten beobachten. Damit wird notwendiger Lebensraums gesichert. Der Hund rennt an den Gartenzaun und bellt. Der Wolf läuft jeden Tag sein Territorium ab und setzt Duftnoten mittels Kot und Urin. Aber bereits der eigene Körper stellt auch beim Menschen ein Territorium dar, das andere zu respektieren haben, das andere nicht verletzen sollen. Und ebenso sind unsere Gedanken und Gefühle Territorien, die wir nicht jedem preisgeben möchten. Beim Baby kann man die ganz ursprüngliche Form beobachten: Bei jedem hineingezwungenen Löffel Brei wehrt es sich gegen eine Territorialverletzung vehement. Denn jede Verletzung eines Territoriums überschreitet Grenzen und verursacht eine Störung.

Sie fragen sich vielleicht, warum das im Zusammenhang mit der Hundeerziehung wichtig ist? Wir grenzen uns häufig gegen unsere Hunde ab, ohne es bewusst zu merken oder zu wollen. Unser Hund ist schon x-mal ausgerissen und auf Zuruf nicht zurückgekommen. In unserem Kopf ist dieser Wissenswert, diese Erfahrung vorhanden und unser Körper stellt sich darauf ein, sendet die entsprechenden Signale. Denn wir

Ist sein Mensch nicht voll bei der Sache, kann er dem Hund nicht vermitteln, was von ihm erwartet wird. (Foto: U. Schanz)

haben ja das Gefühl, dass der Hund es heute wieder tut. Aber das Gefühl, das bin ich! Körper, Geist und Seele sind beim Mensch genau so wie beim Hund untrennbar miteinander verschmolzen. Nun ist es wichtig, dass wir dieses Gefühl, diese negative Vorausahnung wahrnehmen (also: für wahr nehmen!). Mit dem Bewusstwerden können wir dagegen angehen, schwarz zu sehen. Und mit unserer inneren Einstellung ändert sich auch unsere Körperhaltung automatisch. Und die Körperhaltung ist wiederum das Signal für unsere Hunde.

Nehmen wir ein Beispiel: Sie empfinden Ihrem Hund gegenüber Zuneigung. Dieses Wort steht in Herzenssachen für Liebe und Herzlichkeit. Es hat aber genauso seinen körperlichen Hintergrund: Wenn ich jemand gegenüber Zuneigung empfinde, „neige" ich mich „zu ihm". Ich wende mich sicher nicht angewidert weg. Und nun beobachten Sie sich. Und beobachten Sie Ihren Hund, denn er spiegelt, was Sie ihm entgegenbringen. Sie haben beispielsweise in der Hundeschule gelernt, die Bei-Fuß-Übungen in zügigem Tempo durchzuführen. Nicht zu schnell, damit der Hund nicht meint, Sie flüchten vor irgendetwas, und nicht zu langsam, weil der Hund eine Durchschnittsgeschwindigkeit von 11 Stundenkilometern statt unseren menschlichen 6 Stundenkilometern hat und es ihm schwer fällt, längere Zeit langsam zu laufen. Nun beobachten Sie aber, dass Ihr Hund immer einen Drall von Ihnen weg hat. Warum? Sie machen doch alles so, wie man es in der Hundeschule gezeigt hat?

Nun, Ihr Hund wendet sich ab (körperlich wie auch seelisch), weil die Signale, die Sie senden, bei ihm nicht oder zu schwach, zu wenig eindeutig ankommen.

Was nun? Es ist dringend erforderlich, dass Sie Ihre innere Einstellung kontrollieren! Machen Sie die Übungen mit Ihrem Hund nur, weil es eben sein muss, und haben gar keine rechte Lust? Oder machen Sie die Übungen bereits mit dem Hintergedanken: „Der kapiert das eh nie"? Dann spricht Ihr Körper genau das, was Sie denken, und entsprechende Signale empfängt Ihr Hund ... und führt aus, was er spürt: Er zerrt weg von Ihnen.

Wenn ich nun also auf meinen Hund wirken möchte, muss ich bei ihm etwas verändern. Die Veränderung bringe ich aber nur in Gang, indem ich zuerst etwas bei mir verändere. Ich stell mich also hin und sag mir: „Okay – egal, wie es bis zum heutigen Tage gelaufen ist, ich weiß nun, was mein Hund braucht, und ich bin bereit, alles Störende in meinen Gedanken zum Positiven zu verändern. Ich weiß genau, dass wir nun lernen, die Übung richtig auszuführen. Ich freue mich, meinem Hund ein guter Rudelführer zu sein, und ich laufe sicheren Ganges und freudigen Schrittes drauflos und zeige meinem Hund so, dass er gut aufgehoben ist, wenn er an meiner Seite läuft. Ich empfinde meinem Hund gegenüber Zuneigung und freue mich mit ihm über jede kleine Veränderung seines Verhaltens. Denn es zeigt mir, dass es mir gelungen ist, ihm zu zeigen, dass ich etwas an und in mir verändert habe."

Wenn es Ihnen gelingt, solch eine positive Gedankenwelt zu schaffen, wird Ihr Körper entsprechend reagieren und seine Signale verändern. Und diese wiederum veranlassen Ihren Hund, wirklich freudig auf Sie zuzurennen.

Bitte versuchen Sie nie, Körper, Geist und Seele zu trennen, indem Sie zwar bemüht sind, eine selbstsichere Alpha-Stellung einzunehmen, aber Ihr Innenleben nicht mitspielt. Unser Körper kann nicht lügen! Und Hunde durchschauen uns immer! Hundeerziehung beginnt im Herz und bei der richtigen Einstellung zum Tier. Und nicht erst bei der Leinenführung. Das Wesen des Hundes steht im dauernden Kontext zwischen seiner Anlage (oder Veranlagung) und den Umwelteinflüssen. Auch Sie sind ein Umwelteinfluss, der auf das Tier wirkt. Mit aufrichtigem Lob und echter Zuneigung schenken Sie Ihrem Hund die innere Sicherheit, die er zu seiner Entfaltung braucht.

Bindung und Beziehung – wo ist der Unterschied?

Diese zwei Ausdrücke werden oft verwechselt. Und wenn ich jemand sage: „Die Bindung zwischen Ihnen und Ihrem Hund stimmt noch nicht, da müssen wir dran arbeiten", dann sind viele Leute schockiert und beleidigt. Denn sie stellen fehlende Bindung gleich mit: Mein Hund liebt mich nicht!

Eine Beziehung, das ist etwas, was man sehr schnell und mit allen möglichen Menschen und Tieren erreichen kann. Ich habe mit meinem Nachbarn eine nachbarschaftliche Beziehung. Das kann zum Beispiel bedeuten: Wir sagen einander guten Tag, reden ein paar freundliche, aber absolut belanglose Worte und gehen wieder unserer Wege. Eine Bindung hingegen bedeutet, dass zwischen uns und unserem Hund ein festes Band der gegenseitigen Zuneigung und des tiefen Vertrauens ineinander geknüpft ist. Wir Menschen sind dann für unsere Hunde die sichere Festung, von der aus sie Erkundungszüge starten können und zu der sie immer wieder zurückkehren können mit dem sicheren Wissen, freudig empfangen zu werden. Ein Hund, der eine gute Bindung zu seinem Menschen hat, ist stark motiviert, etwas für und mit seinen Mensch zu tun und ihm zu gefallen.

Wie erreiche ich eine gute Bindung zu meinem Hund? Indem er an meinem Alltag teilnehmen darf. Der Hund ist ein Rudeltier und das bedeutet, dass er im alltäglichen Leben mit einbezogen werden möchte. Natürlich gibt es immer wieder Termine, zu denen wir unsere Hunde nicht mitnehmen können. Aber wir sollten sie

Lassen Sie sich von Ihrem Hund helfen. Er wird es genießen. (Foto: G. Lehari)

so viel wie möglich an unserem Leben teilhaben lassen. Bitte denken Sie nicht, dass Ihr Hund nichts davon hat, wenn er mit zur Post geht und dort zehn Minuten angeleint auf Sie warten muss. Für den Hund ziehen sie zusammen los, er darf teilhaben und sie kehren zusammen wieder heim. Auf dem Weg zur Post erhält der Hund Anregungen durch die Umwelt. Und vielleicht kann man ihm auch die Aufgabe zuteil werden lassen – zum Beispiel die Tageszeitung im Maul heimzutragen.

Natürlich sollte Ihr Hund nicht im Bett schlafen. Aber für die Bindung wäre es sehr schön, wenn der Hund einen Platz neben Ihrem Bett bekäme und nicht weggesperrt wird. Und selbstverständlich gehört Knuddeln ins Programm, denn Körperkontakt ist sehr wichtig für das Vertrauensverhältnis. Der Hund lernt auf angenehme Weise, sich überall berühren (und gegebenenfalls untersuchen) zu lassen, und erfährt, dass er sich bei Ihnen „fallen lassen“ kann.

Achten Sie ferner darauf, dass Sie Ihren Hund nicht nur ansprechen, um die Ausführung eines Befehles von ihm zu fordern oder gar mit ihm zu schimpfen. Reden Sie freundlich mit ihm und lächeln ihn dabei an. Ihr Gesicht soll der Dreh-

und Angelpunkt für den Hund werden. Achten Sie darauf, dass Sie dabei seinen Namen nicht zu oft nennen, damit der Hund nicht abstumpft, sondern auf seinen Namen noch reagiert. Verwenden Sie dazu einen leisen Tonfall. Der Hund hat zum einen ein sehr gutes Gehör und außerdem lernt er so, sich besser auf Ihre Stimme zu konzentrieren.

Spielen und Erlebnisspaziergänge sind ein weiteres Instrument, um eine gute Bindung zum Hund zu erhalten. Grundsätzlich sollte jeder Spaziergang nicht nur ein reines Nebeneinanderherlaufen sein, sondern immer ein Highlight, ein gemeinsames Spiel beinhalten. Ein kleiner Sprint, ein kurzes Versteckspiel, ein Hochsprungwettbewerb über Baumstämme oder einander fangen – es gibt grenzenlose Möglichkeiten.

Grundsätzlich sollten Sie Ihren Hund einfach so behandeln, wie Sie selbst gerne behandelt werden möchten, das heißt, seien Sie gerecht und konsequent, lassen Sie Ihre Laune nie am Hund aus und loben Sie überschwänglich, wenn er etwas gut macht.

Geben Sie ihm einfach das Gefühl, der beste Hund der Welt zu sein ... und er wird diese Rolle liebend gerne übernehmen!

Kleine Spiele zwischendurch lassen den gemeinsamen Spaziergang nie zu stumpfer Routine werden. (Foto: U. Schanz)

Dominanz oder Ignoranz?

Man hört sehr viele Hundebesitzer von ihren Tieren sagen: „Mein Hund ist so dominant." Was bedeutet das eigentlich? Eigentlich meinen die meisten damit: „Ich kriege meinen Hund nicht in den Griff", oder: „Mein Hund ist so eigensinnig, dass ich nicht dagegen ankomme."

Uns Goldschürfer interessiert, was das Wort Dominanz wirklich bedeutet, und wir schlagen im Wörterbuch nach:

Dominanz =	Einfluss auf das allgemeine Geschehen nehmen

Aha! Sind wir dann nicht eigentlich alle dominant? Wenn ich über die Straße gehe und zwei Autos wegen mir anhalten oder ihr Tempo verringern müssen, dann nehme ich Einfluss auf das allgemeine Geschehen um mich herum und bin dominant. Und wenn meine Mutter blaue Augen hat und mein Vater grüne und ich habe Papas Augen – dann war das Gen meines Vaters dominant. Es hat sich also gegenüber dem Gen meiner Mutter durchgesetzt.

Woran erkenne ich denn nun, dass ich und mein Hund ein Dominanzproblem haben? Nun, eigentlich sollte es heißen: Wir haben ein Rangordnungsproblem. Ich möchte gerne der Rudelführer sein, aber mein Hund anerkennt mich nicht als solchen.

Wenn wir uns an unseren Lehrer Wolf halten, finden wir am besten heraus, mit welchem Verhalten uns unser Hund eigentlich signalisiert: „Du bist kein guter Rudelführer für mich." Denn Verhaltensweisen, die ein Alpha-Wolf nicht dulden würde, sollten auch wir bei unserem Hund unterbinden. Schauen wir uns das mal an:

Gleiche Sitzhöhe bedeutet gleiche Rechte. Das kann zu einem Rangordnungsproblem führen. (Foto: U. Schanz)

Was macht mein Hund?	Wie würde ein Alpha-Wolf reagieren?
Mein Hund lässt sich mehrfach bitten und ignoriert meine Befehle.	Alpha warnt nur kurz, setzt dann das Geforderte durch.

Das heisst für uns:

Befehle sollen klar und deutlich erteilt werden und auf die Ausführung müssen wir bestehen. Sagen wir also „Sitz“, dann sollen wir auch darauf bestehen, dass sich der Hund setzt und nicht nach dem vierten oder fünften Mal vergeblich „Sitz“ sagen resigniert denken „dann eben nicht“.

Für den Alltag bedeutet dies aber auch: Geben Sie Ihrem Hund keinen Befehl, wenn Sie in genau diesem Moment gar nicht die Möglichkeit haben, einzuwirken und auf die Durchführung des Befehls zu bestehen. Wenn Sie zum Beispiel mit Einkaufstüten beladen sind und keine Hand frei haben, um den Befehl „Sitz“ durchzusetzen.

Mein Hund sucht sich seinen Liegeplatz selbst aus und bevorzugt Sofa, Sessel, Bett und so weiter.	Alpha hat das alleinige Privileg auf einen besonderen (meist erhöhten) Liegeplatz, außer von Welpen duldet Alpha kein Kontaktliegen (das heißt enges Beieinanderliegen).

Das heisst für uns:

Es ist gut, wenn der Hund im Schlafzimmer sein Körbchen hat, denn er sollte bei seinem Rudel sein dürfen. Aber es ist schlecht, wenn er bei uns im Bett schläft. Und das gilt für Hunde jeder Größe!

Es ist gut, wenn der Hund im Wohnraum einen eigenen Platz für sich hat, an dem er liegen, dösen und trotzdem dabei sein kann. Sobald man aber das Gefühl hat, der Hund folgt nicht gut und macht, was er will, darf man den Hund keinesfalls auf gleiche Höhe zu sich auf das Sofa lassen. Denn der Hund wertet dies als Gleichstellung mit dem Ranghöchsten. Gleiches Schlafen – gleiche Rechte!

Mein Hund sitzt ständig auf meinem Schoß oder schläft im Bett. Wenn ich mich von ihm getrennt in einem anderen Raum aufhalte, heult und bellt er und zerkratzt die Türe.	Alpha hat das Privileg auf Individualdistanz. Wird diese verletzt, ignoriert er es zunächst; wird er weiter belästigt, bewahrt er seine Distanz durch Abwehren der Annäherung. Im Übrigen lernen so bereits die Welpen, die Ruhephasen der Erwachsenen zu respektieren.

Das heisst für uns:

Wir müssen uns bei aller Tierliebe das Recht bewahren, mal eine Auszeit zu nehmen: eine gemütliche Stunde in der Badewanne, ein Mittagsschläfchen ohne Balli-Werfen, was auch immer!

Der Hund muss akzeptieren lernen, dass wir das Recht auf Individualdistanz haben. Auch das berühmte „Er ist so anhänglich! Wenn ich irgendwo sitze, liegt er auf meinen Füßen“ sollten wir unterbinden. Das hat nämlich nichts mit anhänglich zu tun, sondern mit Einfluss auf das allgemeine Geschehen nehmen. Ganz nach dem Motto: „Du stehst nicht auf, ohne dass ich es merke.“

- Mein Hund geht zuerst, das heißt vor mir durch Türen, Eingänge, Treppen.
- Mein Hund steht immer quer, ständig muss man über ihn hinwegsteigen.
- Mein Hund bestimmt, wo der Spaziergang hingeht/welchen Weg man nimmt.
- Mein Hund zerrt und zieht an der Leine, ich hänge entweder hinten dran oder warte, bis Hund ausgiebigst geschnüffelt hat.

Beispiel: Tiefschneewanderungen eines Wolfsrudels; Alpha geht voraus, das heißt, er führt nicht nur, sondern hat hiermit sicher auch den härtesten Job (= Rudelerhalt! Der Schwächste ist der Letzte und läuft auf einer gut geebneten Bahn!) Keinem Wolf würde es in den Sinn kommen, Alpha zu überholen, sich quer in den Weg zu stellen und gemütlich herumzuschnüffeln, und Alpha würde nie warten, bis jedes Rudelmitglied fertig geschnüffelt hat!

Das heisst für uns:

Wir müssen lernen, die Initiatoren jeglicher Aktivitäten zu werden. Auf diesen Punkt komme ich an anderer Stelle noch einmal zurück. Sicher ist, dass wir nicht zulassen dürfen, dass unser Hund unsere Bewegungsfreiheit oder -richtung bestimmt, da wir damit unsere Stellung als Rudel(an-)führer abgeben. Wir lassen uns nämlich von ihm manipulieren. Wir müssen uns einfach klar machen, dass es für unseren Hund extrem verwirrend ist, wenn wir ihm einerseits erlauben, vor uns die Treppe hinunterzustürmen und den klingelnden Besucher vor uns stürmisch zu überfallen, andererseits aber vom Hund erwarten, dass er uns außerhalb des Hauses folgt, nicht an der Leine zieht und auf Zuruf ohne zu zögern kommt! Unser Hund kann nicht in zwei Welten leben! Er lebt nur in der Welt seines Denkens!

Mein Hund lässt sich Futter/Knochen nicht abnehmen oder klaut vom Tisch.

Nur der Rangniedrigste gibt sein Futter ab.

Das heisst für uns:

Wenn unser Hund vom Tisch klaut, ist es primär unser Fehler, da wir ihm ermöglicht haben, es zu tun! Vielleicht haben wir sogar irgendwann mal drüber gelacht, als er noch klein war? Dann haben wir sein Verhalten also doppelt belohnt: zum einen durch Beachtung und Gelächter, zum anderen durch die direkte Futterbelohnung, die er durchs Klauen erhalten hat.
Und wenn uns unser Hund anknurrt, wollen wir ihm etwas aus dem Maul nehmen, dann sieht er uns ganz klar als rangniedrig an. Vielleicht erschrecken wir beim ersten Mal und weichen mit der Hand zurück. Aber spätestens beim zweiten Mal müssen wir ganz rigoros durchgreifen.

Sonst haben wir verspielt! Bei Hunden mit der Neigung, Futter gegen den Halter verteidigen zu wollen, ist auch dringend geraten, anonym zu füttern. Das heißt, das Fressen wird vorbereitet, ohne dass der Hund zuschauen kann, und an den Fressplatz gestellt. Erst dann lässt man den Hund in den Raum. Denn: „Nur der Rangniedrigste gibt sein Futter ab."
Solche Hunde meinen also, wenn wir ihnen den Futternapf deutlich erkennbar in ihrer Gegenwart vor die Nase stellen, wir würden ihnen unser Futter abgeben und uns damit rangniedrig verhalten.

Mein Hund markiert/kotet in der Wohnung, obwohl er stubenrein und physisch gesund ist.	Das Markieren des Reviers und vor allem des Höhlenkomplexes ist Alpha vorbehalten. Kein Rangniedriger würde es wagen, dort zu markieren (Urin und Kot).

Das heisst für uns:

Wenn sich unser Hund innerhalb der Wohnung löst, müssen wir unbedingt genau beobachten, um zu unterscheiden: Ist er richtig stubenrein (manche Hunde verlernen während eines Tierheimaufenthaltes die Stubenreinheit!)? Ist er gesund (Blasenentzündung, Magen-Darm-Entzündung und so weiter)? Ist es ein Markieren (kleine Urinmenge) oder das Entleeren der Blase (ein richtig kleiner See)? Hatte der Hund genügend Möglichkeiten, sich außer Haus zu lösen? Auch die reine Trennungsangst ist häufig mit Urinieren gekoppelt und nicht als Auflehnung, sondern als Angstsymptom zu werten!
Ist es aber reines Markieren (kleine Urinspritzer und immer an „strategisch" wichtigen Stellen, zum Beispiel Schuhe, Kleidungsstücke oder Bett des Besitzers oder ein Türrahmen), dann sollten wir es als Warnsignal deuten, das darauf hinweist, dass mit der Rangordnung etwas nicht stimmt.

– Mein Hund kommt auf Zuruf nicht zurück. – Wenn Sie heimkommen, begrüßen Sie den Hund und nicht umgekehrt.	Die Folgebereitschaft wird im Wolfsrudel durch Futterbestätigung bereits eintrainiert. Beispiel: Kommt Alpha von der Jagd zurück zum Höhlenkomplex, laufen ihm die Welpen und rangniedrigen Tiere in Demutshaltung (Ohren angelegt, gesenkte Körperhaltung) entgegen. Selbst die Alpha-Wölfin zeigt dieses Verhalten ansatzweise gegenüber dem Leitwolf!

Das heißt für uns:

Natürlich möchten wir nicht, dass unser Hund in Demutshaltung zu uns gerobbt kommt. Aber unser Traum ist, dass unser Hund bei Zuruf freudig und zügig zu uns kommt. Wie wir es beim Wolf gelernt haben, können wir das zum einen erreichen, indem wir den Hund positiv bestätigen, sei es mit Leckerli, sei es mit Lob, Clicker oder Spiel. Am Anfang setzen wir zwar eine lange Leine ein, um den Hund auf Entfernung dazu zu veranlassen, zu uns zu kommen. Aber dies nur so lange, bis er verstanden hat: „Es ist so gut, zu Herrchen/Frauchen gerannt zu kommen!“ Nie darf der Hund mit Geschimpfe empfangen werden! Genauso wichtig in Sachen Freiappell ist, dass der Hund gelernt hat, dass wir ihm nicht hinterherrennen, sondern dass er selbst darum besorgt sein muss, uns nicht aus den Augen zu verlieren. Geübt wird dies selbstverständlich an verkehrsfreien Orten, an denen nichts passieren kann.
Wenn wir unseren Hund irgendwo zurücklassen, sei es zu Hause, sei es vor einem Laden, sei es im „Platz-Bleib“ während einer Übung, dürfen wir den Hund keinesfalls begrüßen und überschwänglich loben, wenn wir zurückkommen. Für ein gesundes Rangverhältnis Mensch-Hund wäre das sehr schädlich. Der Hund empfindet das als: „Da kommt das Weichei reumütig zurückgekrochen.“ Wir, der Rudelführer, kehren zurück zum Hund. Das alleine ist das beste Lob, die tollste Bestätigung für den Hund! Begrüßt uns der Hund dann überschäumend, sollten wir sehr reserviert reagieren, da wir ihm ansonsten wiederum signalisieren: „Ich bin so froh, endlich wieder bei dir zu sein , ich hatte solche Angst ohne deine Nähe.“ Sie glauben das nicht? Okay, dann machen Sie das Gegenteil – und Sie werden sich innerhalb kürzester Zeit einen kleinen Tyrannen heranzüchten, der nicht allein zu Hause bleiben kann oder sonstige Unarten entwickelt.

– Mein Hund verteidigt unaufgefordert sein Territorium gegen Artgenossen und fremde Menschen. – Mein Hund belästigt Besucher. – Mein Hund jagt Jogger, Fahrradfahrer und so weiter.	Alpha leitet die Jagd ein und führt die Gruppe zum Angriff auf die Beute oder auch auf den Eindringling. Das Revier markieren, ablaufen und kontrollieren ist Sache von Alpha.

Das heißt für uns:

Daheim ist der Hund „der liebste Hund der Welt“. Kunststück, zu Hause hat er ja bereits alle Privilegien eines Rudelführers! Wie soll dieser Hund nun verstehen, dass er draußen, auf der Straße, auf dem Spaziergang plötzlich seinem Herrchen zu gehorchen hat? Der Hund hat entweder in uns Menschen einen Rudelführer, daheim wie auch unterwegs. Oder er hat keinen und dann bleibt ihm nichts anderes übrig, als die Führung selbst zu übernehmen, daheim wie auch unterwegs. Unsere Hunde sind in ihrem Verhalten nämlich weitaus konsequenter, als wir Menschen es meistens sind!

Mein Hund reagiert auf Einschränkung seiner Privilegien mit Knurren/Drohen, zum Beispiel wenn sich ein Besucher auf den Lieblingsplatz unseres Hundes setzt.	Im Wolfsrudel hat jeder ein Recht auf Protest bei ungerechter Behandlung, selbst der Rangniedrigste! Allerdings nur im Rahmen seiner Privilegien dem Rang entsprechend.

Das heisst für uns:

Wenn Ihr Hund auf dem schönen, gemütlichen Fernsehsessel liegen darf, okay! Wenn er aber nicht duldet, dass jemand anders auf diesen Sessel sitzt, oder protestiert, wenn Sie ihn hinunterbefördern wollen, dann ist das ein klares Indiz dafür, dass der Hund zu viele Privilegien bekommen hat und es an der Zeit ist, ihn wieder zurück in sein Körbchen zu verweisen!
Keine Sorge, das kann uns allen passieren: Wir haben mit unserem Hund viel gelernt und gearbeitet. Aus unserem Nugget ist ein richtiges Juwel geworden, und wir haben die Zügel lockerer gelassen. Unmerklich hat sich aber unser Schatz die Rangordnungsleiter wieder etwas höher geschlichen und probiert jetzt eben mal wieder aus, wie weit er gehen kann.
Klare Richtlinien aufstellen und konsequent auf deren Einhaltung bestehen – dann haben Sie es schnell wieder im Griff!

Aufreiten des Hundes an Beinen und Armen.	Ganz eindeutige Dominanzgeste die bei Alpha einen Ernstkampf heraufbeschwören würde.

Das kann für uns nur eins bedeuten:

Strikt unterbinden! Und den Hund – nötigenfalls auch mit Härte – wegschubsen.
Das ist auch und vor allem dann wichtig, wenn der Hund bei Kindern aufreitet!

Sicher hat der eine oder andere Hund in unserem Zusammenleben mehr oder weniger Freiheiten. Das ist ganz davon abhängig, was der Hundebesitzer für Regeln für das Zusammenleben aufgestellt hat. Und ich möchte mit dieser Ausführung auch nicht sagen, dass man mit keinem Hund auf dem Sofa kuscheln darf!

Es gibt Hunde, die sehr willig und gut führbar sind und denen man durchaus mehr Freiheiten einräumen kann. Und dann gibt es Hunde, die

Ein Hund, der seinem Menschen ständig zu Füßen liegt, ist nicht besonders anhänglich, er kontrolliert ihn! (Foto: U. Schanz)

die kleinste menschliche Schwäche (aus-)nutzen und täglich einen neuen Machtkampf mit ihren Besitzern anzetteln. Mit diesen Hunden sollte man sehr konsequent verfahren und möglichst alle obigen Dominanzansätze unterbinden.

Denn wir räumen unseren Hunden manchmal Privilegien ein, von denen wir noch nicht einmal ahnten, dass es in den Augen unseres Hundes Privilegien sind! Hier ist also ein ganz gravierendes Missverständnis zwischen Mensch und Hund. Das sind manchmal sehr, sehr kleine Dinge, die der Hund als einen Punkt für sich verbucht.

Wir alle kennen wohl solche Hunde, bei denen man keine 3 Meter am Stück laufen kann, schon steht er wieder und „liest Zeitung", schnüffelt also inbrünstig, nimmt sich so richtig schön viel Zeit (die zweite Straßenbahn ist mittlerweile schon weg ...) und wenn man dann an der Leine zieht, muss der Ärmste doch nur unbedingt mal die Blase leeren!

So etwas kann sich auf ganz leisen Sohlen einschleichen und der Hund baut ohne unser Wis-

Wer Futter hinstellt (= abgibt), wird von einem Hund leicht als schwächer angesehen. (Foto: U. Schanz)

Er freut sich, dass Sie nach Hause kommen? Gut. Aber zeigen Sie Ihre eigene Freude nicht zu sehr, Sie sind schließlich nicht nach Hause geflüchtet. (Foto: U. Schanz)

sen Privilegien aus. Wir machen abends nämlich immer die Quartiersrunde zur letzten Versäuberung. Und da soll sich der Hund ja für die Nacht leeren. Also bleiben wir stehen, wenn er stehen bleibt. Der Hund beeinflusst also Tempo und Weiterkommen. Das ist okay. Wenn Sie nun aber als aufmerksamer Goldschürfer merken, dass es überhand nimmt und Ihr Hund eigentlich nur noch seinen Interessen und Düften nachgeht, dann sollten Sie sich angewöhnen, immer ein wenig länger stehen zu bleiben, als es der Hund von sich aus würde! Damit signalisiert man ihm: „Ich bleibe stehen, weil ich stehen bleiben will. Nicht wegen dir. Nicht, weil du schnüffeln oder pieseln willst. Und ich gehe weiter, wann ich will." So einfach ist es, „Dominanz" erkennen zu lassen!

Wir haben nun einige wichtige Faustregeln gelernt und wir wissen auch, wie wir auf ganz sanfte, gewaltfreie Art den Hund unsere Dominanz erleben lassen können. Und wie ist das mit der Ignoranz?

Nun, auch Ignoranz ist ein Mittel zur Erziehung. Haben wir zum Beispiel einen Hund, der – ähnlich wie ein Kind – nicht erträgt, dass er mal nicht im Mittelpunkt steht, weil Sie gerade telefonieren oder mit der Nachbarin Kaffee trinken, und dann mit allen möglichen und unmöglichen Aktionen probiert, Ihre Aufmerksamkeit zu erlangen, dann sollten Sie in Ihre Erziehung weit mehr Ignoranz einbauen. Denn auch negative Beachtung („Fifi, lass das sein!") ist Beachtung! Wenn also Ihr Hund seinen Ball bringt, Faxen macht, am Schnürsenkel zieht, sich vor Sie hinsetzt – dann beachten Sie ihn einfach nicht! Sobald er aufgibt und sich „schmollend" in sein Körbchen zurückzieht, können Sie nun von sich aus das Spiel initiieren. Sie machen Ihrem Hund damit enorm Eindruck und wiederum auf sehr sanfte Weise klar, dass Sie der Motor aller Aktionen sind. Es braucht keinerlei Gewalt, um einen Hund zu haben, der sein Herrchen oder Frauchen akzeptiert!

Genauso verhält es sich bei Hunden, die wild herumdüsen und auf Zuruf nicht mehr zurückkommen, sobald sie von der Leine sind. Sie haben einfach gelernt: „Ich kann drauflosrasen, wie ich will. Herrchen schaut schon, dass ich nicht verloren gehe. Und er rennt immer schreiend hinter

Den Platz vom abwesenden Boss zu belegen ist ganz normal, aber er muss sofort geräumt werden, wenn die Aufforderung dazu kommt. (Foto: U. Schanz)

mir her! Toll, ich muss gar nicht schauen, wo er ist! Ich hör ihn ja!" Sobald Sie den Spieß umdrehen und cool davonlaufen, wenn Ihr Hund nicht auf Zuruf kommt, lernt er: „Oh! Ich muss aufpassen, wo Herrchen hingeht! Sonst gehe ich verloren!" Kein Hund möchte sein Rudel verlieren. Aber viele Hunde haben nicht gelernt, dass sie selbst dafür verantwortlich sind, Herrchen oder Frauchen nicht aus den Augen zu verlieren.

Laufen Sie nicht hinter Ihrem Hund her, wenn er alles andere interessanter findet als Ihr Rufen, lassen Sie ihn auflaufen. (Foto U. Schanz)

Der Hund – ein Opportunist

Nun könnte vielleicht der Eindruck entstanden sein, dass Ihr Hund ein absoluter Egoist ist. Wir wären keine Goldschürfer, wenn wir nicht an der Oberfläche kratzen würden, uns interessiert, wie das wirklich ist. Was sagt Mutter Natur dazu?

Wir wissen mittlerweile: Hunde handeln – wie alle Lebewesen – einfach nur nach dem Prinzip der Selbsterhaltung. Sie sind Opportunisten. Das bedeutet: Sie tun einfach nur das Nützliche (nicht das Richtige oder das Gute).

Es handelt sich hier um ein Naturgesetz. Wir können uns das wie ein Abwägen vorstellen. So wie wir vor dem Kauf eines neuen Autos abwägen: Wie viel bekomme ich noch für das alte Auto, was kostet das neue, was spare ich an Steuern, was kosten mich Unterhalt, Benzin und Versicherung – was hingegen würde mich die Reparatur des alten Autos kosten? Dieser Vorgang läuft nicht wie bei uns auf bewusster Ebene ab, sondern im Unterbewusstsein, ganz automatisch und im Sinne der Arterhaltung. In der Ethologie reden wir von einer Kosten-Nutzen-Analyse, die wir im Übrigen im ganzen Tierreich beobachten können.

Nehmen wir zur besseren Erklärung ein paar Beispiele: Stellen Sie sich vor, Sie stehen an einer Lichtung und sehen am angrenzenden Waldrand ein Reh. Das Reh zögert. Auf der Lichtung wächst wunderschönes, saftiges Gras. Das Reh braucht dieses Gras, denn es weiß instinktiv: Dieses Gras ist natronhaltig. Natron hingegen ist wichtig für die Wasserretention. Das heißt, das Wasser wird im Gewebe gespeichert. Und da das Reh die Feuchtigkeit im Körper braucht, braucht es das Gras. Andererseits hat das Reh Ihre Gegenwart aber schon akustisch und olfaktorisch (es riecht Sie) wahrgenommen. Nun steht es da und zögert und währenddessen läuft in ihm eine Kosten-Nutzen-Analyse ab: Der Nutzen beim Betreten der Lichtung ist, das Gras fressen zu können. Die

Kosten sind die Gefahren, die vom Menschen ausgehen (Sie könnten ja ein Jäger sein). Und so wird das Reh seine Entscheidung fällen, je nachdem, welche Erfahrungen es schon mit Menschen gemacht hat und je nach Dringlichkeit seines Bedarfs: flüchten oder die Lichtung vorsichtig betreten und zu fressen beginnen.

Aber nicht nur Säugetiere sind so „schlau". Auch der männliche Frosch, der am Rande des Biotops sitzt, stellt (unbewusst!) eine Kosten-Nutzen-Analyse an. Er muss möglichst laut quacken, damit er ein Weibchen zur Paarung anlocken kann. Gleichzeitig gibt er damit aber seinen Feinden seinen Aufenthaltsort preis und begibt sich dadurch in Gefahr.

Es gibt da ganz raffinierte „Sattellitenfrösche". Die dicksten, stärksten Frösche können am lautesten quacken. Die Sattellitenfrösche sind aber kleiner und haben keine so eine starke Stimme. Nun setzen sie sich in die Nähe eines stimmgewaltigen Frosches und warten, bis ein Weibchen daherkommt, um es abzufangen. Der lauthals schreiende Frosch hatte die Kosten, das Risiko: Er hat geschrien und seinen Standort preisgegeben. Der Sattellitenfrosch hat den Nutzen – er hat eine Partnerin ergattert, ohne Kosten aufgewandt zu haben.

Und dieses jahrtausendealte Naturwissen hat Ihr Hund auch heute noch: Fifi darf grundsätzlich nicht auf den schönen, neuen Fernsehsessel. Eines Tages kommen Sie früher heim und ertappen ihn dabei, wie er doch auf diesem Sessel liegt. Bevor Sie auch nur schimpfen können, krabbelt Fifi schnell hinunter und rutscht Ihnen demutsvoll auf dem Bauch mit unsicher klopfendem Schwänzchen entgegen. Hat er ein schlechtes Gewissen? Nein, auch Fifi hat kein schlechtes Gewissen. Und auch in ihm läuft eine instinktive Kosten-Nutzen-Analyse ab:

Manche Hunde haben den Bogen raus, mit demonstrativem Liebsein ihren Willen durchzusetzen. (Foto: Chr. Steimer)

Nutzen des Sessels:

saubequem und voller Überblick!

Kosten:

Herrchen wird schrecklich sauer.

Fifi weiß aber auch genau, wie er Ihnen den Wind aus dem Segel nehmen kann: Wer wird es schon übers Herz bringen, mit so einem demütigen Häufchen Elend zu schimpfen? Naja – und Sie drücken ein Auge zu ...

Was hat unser Fifi daraus gelernt? Fifi kriecht von nun an immer, wenn er was ausgefressen hat, anscheinend reumütig auf dem Bauch über den Boden und manchmal pfötelt er auch mit einem Vorderpfötchen beschwichtigend. Was vergibt sich Fifi schon, wenn er doch auf diese Weise trotzdem seine Privilegien ausbauen kann! Und Herrchen fällt jedes Mal darauf rein.

Man nennt das in der Ethologie eine submissive Strategie. Hunde dieses Schlages wenden also keine Aggressivität an, um Privilegien zu erlangen, sondern sie ergaunern sich alles mit einer passiven Dominanz. Diese Strategie ist gang und gäbe in der Natur! Alles kleine Gauner, meine Lieben!

Wenn Sie sich nun einlullen lassen, haben Sie zwangsläufig die Nummer zwei auf Ihrem Trikot. Aber was tun? Trotzdem schimpfen? Nein, erinnern Sie sich, Sie sind Rudelführer! Sie agieren, statt zu reagieren! Verhindern Sie einfach von vornherein, dass Fifi die Möglichkeit hat, es sich in Ihrer Abwesenheit im Fernsehsessel bequem zu machen! Die Wohnzimmertüre bleibt zu. Punkt. Aus. Fertig. So einfach geht's. Und wenn Sie mal vergessen, die Türe zu schließen, und Fifi liegt im Sessel, wenn Sie zurückkommen – dann packen Sie sich an der eigenen Nase und sagen sich – so wie einer meiner Dozenten, Eric Zimen, es uns hundertmal gesagt hat: „Jaja, so sind sie halt, unsere Hunde, alles Opportunisten!“

DAS ZIEL IST DER WEG

Der Weg ist das Ziel – das Ziel ist der Weg

Unterordnung, Erziehung, Gehorsam, Dominanz – egal wie wir es nennen wollen, es hat immer etwas mit Freiheiten zu tun. Je mehr Freiheiten wir dem Hund einräumen, desto höher empfindet er seinen Status und umso mannigfaltiger werden die Probleme. Oder drehen wir das Ganze einmal um: Je besser unser Hund erzogen ist, desto mehr Freiheiten können wir ihm gewähren! Das sollte unser Ziel sein: einen Hund zu haben, der gut erzogen ist, allseits Freude bereitet durch sein angenehmes Wesen und dem hieraus folgernd weit mehr Freiheiten eingeräumt werden können.

Und jetzt wollen wir einmal gemeinsam überlegen: Ist es wirklich ein Zufall, dass ausgerechnet die weichherzigen, lieben, sanften Menschen oftmals derart sture, problematische Hunde haben? Was meinen Sie?

Nein, natürlich ist es kein Zufall! Der Hund hat mit seiner phantastischen Beobachtungsgabe längst durchschaut: „Oh, oh! Das ist aber keine straffe Rudelführung! Im Ernstfall könnte mein Mensch nicht bestehen! Also muss ich mich selbst ans Ruder begeben." Wie so ziemlich alles im Leben hat auch dieses Übernehmen des Ruders zwei Seiten für den Hund: eine verpflichtende und eine freiheitseinräumende. Einerseits meint er, rudelführende Leistungen erbringen zu müssen. Er kläfft also zum Beispiel Eindringlinge an (gemeint sind zum Beispiel Besucher oder fremde Hunde auf der Straße), denn er sieht sich mit der Aufgabe konfrontiert, sich, sein Rudel und sein Territorium verteidigen zu müssen. Herrchen beziehungsweise Frauchen ist ja zu schwach und zu lieb dazu! Andererseits bringt so eine Rudelführung natürlich auch Annehmlichkeiten mit sich. Kein Sessel, kein Bett bleibt von unserem Hund verschont. Ist ja wohl sein gutes Recht, wenn er schon Rudelführer sein muss!

Unser Hund kennt das System von „Freiheit von" und „Freiheit für"! In der hierarchischen Denkordnung eines Rudelsystems hat er seinen festen Platz, der ihm einerseits Freiheiten einschränkt und andererseits Sicherheit und Wahrhaftigkeit gewährleistet.

So einfach und so natürlich ist das mit der Unterordnung! Und in der alltäglichen Umsetzung ist es genauso einfach:

Sanfte Menschen wecken in ihrem Hund den Beschützer – mit allen Problemen, die daraus entstehen. (Foto: InfoHund Krämer)

→ Immer konsequent sein! – Ein Nein ist ein Nein, egal, in welcher Stimmung Sie gerade sind.

→ Agieren statt reagieren! – Warten Sie nicht darauf, dass Ihr Hund Fehler macht oder Dinge tut, die Ihnen nicht passen, sondern übernehmen Sie die Führung und leiten ihn an! Zeigen Sie ihm mit klaren Übungen, was Sie von ihm möchten, und loben ihn, wenn er es richtig gemacht hat. Ich schwöre: Jeder Hund möchte seinem Herrchen oder Frauchen gerne gefallen. Jeder Hund möchte gerne „der beste Hund der Welt" sein. Und wenn er's nicht ist, dann haben wir Menschen es ihm nicht richtig gezeigt! Es ist an uns, unsere Verständigungsfähigkeit, aber auch die unseres Hundes zu schulen, indem wir ihm schrittweise lehren, was wir ihm gerade mitteilen wollen. So wie zum Beispiel der Befehle „Pfui" kein angeborenes Kommando ist, sondern der Hund erst lernen muss, dass dies bedeutet, alles, was er gerade tut, sein zu lassen.

→ Tabuisieren! – Denken Sie wie ein Hund und beugen Sie vor! Denn wenn die Versuchung zu groß ist, wird der besterzogenste Hund schwach! Außerdem stellen kleine Tabus Grenzen dar und der Hund lernt so auf natürlichstem Weg, dass er nicht der Dreh- und Angelpunkt der Welt ist. Es schadet auch nicht, dem Hund den Zugang zu einem bestimmten Zimmer grundsätzlich zu verwehren, im Gegenteil!

Was ist Aggressivität?

Dies ist ein Thema, das mir sehr am Herzen liegt. Denn allzu schnell wird ein Hund, nur weil er zum Beispiel bellt (oder weil er einer gewissen Rasse angehört!), aggressiv genannt. Wir müssen uns bewusst machen: Aggressivität ist der ganz gesunde, normale Teil des Verhaltens, der dem Selbst- oder Gruppenschutz und der Regelung in sozialen Strukturen dient. So gesehen sind alle Menschen und alle Hunde aggressiv. Bei dem noch so gutmütigsten Hund ist irgendwann einmal ein Punkt erreicht, an dem er sich wehrt und „aggressiv" reagiert. Diese Art von Aggression ist natürlich und sehr gesund, genauso wie ein gewisses Maß an Angst normal und angebracht ist. Wenn man zum Beispiel einen Hund drohend in eine Ecke drängt und man ihm jegliche Möglichkeit nimmt, der Bedrohung zu entgehen, kann jeder Hund mit

Wenn der Hund das Spiel ernst nimmt und seine „Beute“ verteidigt, ist der Spaß vorbei! (Foto: U. Schanz)

Aggression reagieren – selbst der ängstlichste. Wir nennen dies Wehrverhalten und lediglich die Distanz zwischen Hund und Bedrohung variiert je nach Wesen des Tieres. Im Übrigen liegen Angst und Aggression immer sehr nahe beieinander und stehen im Kontext zueinander. Angst löst zunächst Flucht aus, und wenn diese nicht mehr möglich ist, kippt das Verhalten um in Aggression. All das dient dem Schutz und der Selbsterhaltung.

Gefährlich wird es, wenn Aggressivität vom Halter nicht mehr kontrollierbar ist oder wenn sie sich gar gegen den Halter selbst wendet. Aber diese Situationen kommen nicht aus heiterem Himmel. Meist liegt eine (Leidens-)Geschichte zugrunde, eine fehlende Sozialisierung, ein nicht gelernter Umgang – sei es mit anderen Hunden, sei es mit Menschen. Oder der Hund wurde – meistens! – unbeabsichtigt zum falschen Zeitpunkt in seinem Tun bestätigt. Wenn ein Hund einem Ball hinterherjagt und ihn sich dann nur unter starkem Knurren und Reißen oder sogar gar nicht mehr abnehmen lässt, mag das mancher Hundehalter ja noch lustig finden. Doch dieser ursprünglich spielerische Beutetrieb ist dann bereits in ein „Ich muss um die Beute kämpfen“ gekippt und dann ist der Hund im Wehrtrieb und der Spaß ist vorbei! Auf genau diese Art passieren immer wieder schreckliche Unfälle mit Kindern. Und es ist in der Verantwortung eines jeden Hundehalters, seinen Hund in jeder, wirklich jeder Situation abrufen und kontrollieren zu können.

Und immer ist aggressives Verhalten ein Anzeichen für eine Stress-Situation. Denn zwischen Angst und Aggression besteht eine Wechselwirkung. Grundsätzlich hat unser Hund wenn er auf die Welt kommt und im Laufe seiner Entwicklung aus reiner Arterhaltung heraus die natürliche Angst vor allem Unbekannten. Nur

Blick/Kopf abwenden und Gähnen ist ein Weg unter Hunden, Friedfertigkeit zu signalisieren. (Foto: Chr. Steimer)

wenn wir ihn frühzeitig in alle Lebenssituationen einführen, also aus Unbekanntem etwas positiv (!) Bekanntes machen, kann der Hund diesen Situationen stressfrei begegnen. Mit einem jungen Hund fällt das nicht schwer, denn er ist gleichzeitig auch sehr neugierig und bereit, in unserer Begleitung Neues kennen zu lernen. Ich kann nur immer wieder betonen, wie wichtig es ist, einen Hund bereits als Welpen gut in seine Umwelt mit all ihren Außenreizen einzuführen.

Ist nun trotzdem irgendetwas schief gelaufen und der Hund reagiert zum Beispiel gegen den Briefträger aggressiv, so bleibt uns nur noch, den Hund so zu erziehen, dass er in entsprechenden Situationen kontrollierbar ist.

Das Thema Angst und/oder Aggression ist ein sehr weites Gebiet, das hier den Rahmen sprengen würde. Ich kann jedem Goldschürfer nur empfehlen, seinen Hund gut zu beobachten, anfängliches Zeigen von aggressivem Verhalten nicht auf die leichte Schulter zu nehmen und frühzeitig Hilfe bei fachlich kompetenten Stellen zu suchen. Nichtsdestotrotz sollten wir vorsichtig umgehen mit vorschnellen Beurteilungen und Bemerkungen über „aggressive Hunde“. Denn sich in einem aggressiven Zustand zu befinden ist nicht aufbauend und kein Hund hat sich da selbst und freiwillig hineinmanipuliert.

Wenn wir nun beginnen, unsere Hunde einmal genauer als bisher zu beobachten – also nicht nur: Oh schau mal, wie süß er gerade daliegt, sondern wirklich analytisch schauen, was sein Körper spricht –, dann werden wir schnell einen Blick dafür entwickeln, ob sich der Hund gelöst und unbefangen oder gestresst fühlt.

Stress abbauende Signale können wir sehr gut bei Begegnungen unter fremden Hunden beobachten: Der Hund dreht seinen Kopf weg, vermeidet Augenkontakt, leckt sich mit der Schnauze über das Maul, kratzt sich oder bellt übermäßig, nagt an eigenen Körperteilen herum, gähnt übermäßig viel – häufig geräuschvoll. All das sind so genannte Übersprungshandlungen, mit denen das Tier versucht, Stress abzubauen. Denn der andere Hund, der da kommt, ist ihm fremd und er weiß noch nicht, ob dieser Fremde ein Freund ist oder nicht. Gleichzeitig sind diese Signale dafür da, dem anderen zu signalisieren: „Schau, ich suche keinen Ärger.“ Treten derartige Stress-Signale aber gehäuft auf, dann empfindet der Hund wirklich

Stress und er fühlt sich mit der Situation überfordert. Wenn man dann noch – um bei obigem Beispiel zu bleiben – als Hundehalter stehen bleibt und den Hund einfach nur mit der eigenen Körperpräsenz stärkt, kann es sein, dass der Hund überreagiert: ängstlich und/oder aggressiv.

Als Verhaltenstherapeutin wäre ich glücklich, wenn ein Hundehalter bereits zu diesem Zeitpunkt zu mir käme und sagen würde: „Ich glaube, mein Hund hat da ein Problem." Und nicht erst, wenn irgendein Beißunfall passiert ist. Einmal mehr sind die wachen Augen eines Goldschürfers gefragt!

Wann ist Hund ein Problemhund und braucht fachliche Hilfe?

Nur sehr selten kommt es zu echten Verhaltensstörungen, das heißt Verhaltensweisen, die effektiv von der Norm jeglichen hundlichen Verhaltens abweichen. Meistens ist es einfach so, dass der Hund ein Verhalten zeigt, das dem Halter Probleme bereitet oder schlicht als unerwünscht bezeichnet wird. Eine seriöse Hundeschule kann den meisten unerwünschten Verhaltensweisen entgegenwirken, wie zum Beispiel Klauen vom Tisch, Löcher im Garten buddeln, bei Zuruf nicht herankommen, Ziehen an der Leine und so weiter.

Sehr oft kommt es vor, dass ein unerwünschtes Verhalten unbeabsichtigt vom Halter bestätigt wurde. Wenn ein Hund zum Beispiel extreme Angst bei Autofahrten zeigt und er wird wegen

Trost für einen ängstlichen Hund bedeutet, seine Angst zu zementieren. (Foto: Chr. Steimer)

dieser Angst getröstet und mit beruhigenden Worten bedacht, wird sich die Angst umso mehr verschlimmern. Für den Hund ist die Wirkung gleich wie ein Bedauern: „Du armer Hund hast aber auch allen Grund dazu, Angst zu haben. Komm, ich beschützte dich vor dieser bösen, bösen Welt." Beim nächsten Mal wird der Hund noch mehr vor Angst schlottern. Und mit der Zeit wird er auch ähnliche Geräusche, Empfindungen (zum Beispiel beim Straßenbahnfahren) in seine Angst mit einschließen.

Tiefer greifende Verhaltensauffälligkeiten sollten mit geeigneten Fachleuten angeschaut werden. Also zunächst tierärztliche Abklärung, ob dem Verhalten keine krankheitsbedingte Störung zugrunde liegt. Und wenn man das ausschließen kann, sollten Verhaltenstherapeuten oder Tierpsychologen aufgesucht werden. Dies kann zum Beispiel sein bei:

- starken Rangordnungsproblemen (regelmäßig knurren, beißen gegenüber bekannten Personen)
- starken Ängsten und Phobien
- starken Sozialisierungsmängeln
- grundsätzlich überhöhter Aggression gegen Menschen, Menschengruppen oder andere Hunde
- Rangordnungsproblemen unter Hunden im gleichen Haushalt
- Fehlverknüpfungen mit vergangenen Erlebnissen

Die meisten Tierärzte können entsprechende Adressen vermitteln.

Richtig loben bei der Arbeit mit Hunden

Ich erlebe immer wieder, dass die Leute mir sagen: „Nein, ich habe nie mit Leckerli gearbeitet. Ich will nicht, dass mein Hund ständig bettelt, und ich will nicht die nächsten 15 Jahre mit ausgebeulten, voll gekrümelten Jackentaschen herumlaufen.“ Ich akzeptiere diese Einstellung. Aber ich möchte ganz deutlich darauf hinweisen, dass es weitaus schwieriger ist, einen Hund nur mit rein verbaler Motivation zu erziehen. Dies nicht, weil der Hund etwa weniger auf lobende Worte reagiert, sondern weil die meisten von uns Menschen Mühe damit haben, richtig aus sich herauszukommen und überzeugend genug zu loben!

Wie natürlich die Futterbelohnung ist, haben wir anhand der Ausführungen über die Welpenerziehung bei den Wölfen gesehen. Noch mal: Kommt der erwachsene Wolf von der Jagd zum Höhlenkomplex zurück, laufen ihm die Welpen freudig, unterwürfig entgegen und betteln um Futter. Sie schlecken so lange am Maul des adulten Wolfes, bis bei diesem die Würgebereitschaft ausgelöst wird. Das heißt, der Wolf oder die Wölfin läuft ein paar Schritte weg und beginnt mit den uns allen bekannten pumpenden Mechanismen das Futter für die Welpen hervorzuwürgen. Die Welpen, die dem Wolf hinterhergelaufen sind, werden also durch hervorgewürgtes Futter belohnt. Die Folgebereitschaft wurde somit geprägt.

Es ist ein Jammer, dieses wunderbare Erziehungsmittel ungenutzt zu lassen. Die Futterbelohnung kann mit der Zeit eingeschränkt, durch den Clicker ersetzt oder ganz eingestellt werden. Aber der Hund lernt einfacher und schneller und freudiger mit Leckerli.

Was ist nun mit der verbalen Belohnung, dem Loben und dem Motivieren? Ich denke, da müssen wir uns auf einen Sprung über eine Hemmschwelle einlassen. Denn Loben sollte wirklich

Es muss nicht immer Futter sein. Für spielbegeisterte Hunde ist auch Spielzeug eine tolle Belohnung. (Foto: U. Schanz)

Loben sein. Also kein tonloses, gemurmeltes „braver Hund". Sondern die Anerkennung, die unser Hund nach getaner Arbeit verdient, sollte auch wirklich in der Stimme liegen. Ob das ein Jauchzen ist oder ein ruhiges anerkennendes „Jaawohl" – das hängt vom Temperament des Hundes und der Situation ab. Macht Ihr Hund gerade zum ersten Mal auf Befehl „Platz", dann ist ein Freudenschrei sicher kontraproduktiv, da der Hund aufspringt und sofort vor lauter Freude die Platz-Position verlässt. Kommt er aber auf Zuruf unverzüglich zu Ihnen zurück, kann Ihre Freude gar nicht groß genug sein!

Sowieso sollte Loben eine Sache von ganzem Herzen sein. Das verbale Lob bringt unserem Mimikexperten Hund gar nichts, wenn man dazu eine versteinerte Miene macht und im Hinterkopf auf irgendetwas anderes konzentriert ist oder nebenbei mit der Freundin telefoniert. Unsere Hunde wollen, wie wir auch, ernst genommen werden!

Aber auch endlos lange Lobgesänge bringen nichts. Lob ist ein Signal, das zum rechten Zeitpunkt gegeben werden muss. Macht der Hund Sitz, dann soll die Handlung des Sichhinsetzens gelobt werden. Wie lange dauert das, bis ein Hund sitzt? Steht unser Lob im Einklang dazu? Oder wird er drei Minuten lang gelobt, nur weil er sich kurz hingesetzt hat? Wir müssen uns fragen: Was loben wir dann eigentlich?

Wenn die Handlung des Sichsetzens schon so lange zurückliegt, loben wir dann nicht auch, dass der Hund mittlerweile schon wieder aufgestanden ist und vielleicht in irgendeine Richtung an der Leine zieht? Lob ist nur nützlich, wenn das Timing stimmt. Um es in einer Zeiteinheit auszudrücken: Wir haben sage und schreibe drei Sekunden Zeit, damit der Hund richtig verknüpfen kann. Nicht mehr!

Mit der Motivation verhält es sich ähnlich. Ich habe es mittlerweile oft genug erlebt, dass die Teilnehmer in der Hundeschule aufgefordert werden, ihre Hunde mehr zu motivieren. Daraufhin machen die Leute ihre Übungen weiter und sind bemüht, ständig irgendwie auf ihren Hund einzureden, der eine leise, der andere gut hörbar. Wenn ich mir das ansehe, denke ich manchmal an irgendwelche Feriensiedlungen. Ich stelle mir einen Animateur vor, der versucht, seine Feriengäste mit mehr oder weniger lautem Gemurmel zu motivieren.

Motivation – das beinhaltet für mich weit mehr: Das ist nicht ein stereotypes „braver Hund, braver Hund, braver Hund". Das ist verbales Lob mit echter Freude zum rechten Zeitpunkt, nämlich dann, wenn's der Hund auch wirklich sehr gut macht. Das ist ein elanvoller Gang, der dem Hund signalisiert: Es macht mir Spaß mit dir! Das ist ein Mimikspiel, ein Augenzwinkern, ein lobendes Streicheln, ein Ansporen.

Wie können wir denn nur vergessen: Unsere Hunde wollen uns gefallen! Ansporn vom Rudelführer, egal ob verbal, taktil oder visuell, ist für unsere Hunde einfach das Größte! Und nur, wenn wir selbst auch wirklich Begeisterung spüren, können wir ansteckend wirken.

Ohne Tadel geht's nicht – aber wie?

An dieser Stelle möchte ich mit einem Ammenmärchen aufräumen. Ich höre immer wieder, dass Hundehalter sagen: „Zur Strafe habe ich ihn auch richtig im Nacken geschnappt und geschüttelt." Was, bitte schön, soll das – frage ich mich! Jeder einigermaßen seriöse Hundetrainer oder Wolfsforscher wird bestätigen: Der so genannte Nackenschüttler stammt aus dem Repertoire des Jagdverhaltens und nicht aus der (Welpen-) Erziehung! Wollen Sie Ihrem Hund also signalisieren: „Haha, du bist meine Beute!"? Da ist es doch kaum verwunderlich, wenn der Hund dann entweder mit Angst oder mit Auflehnung reagiert. Viele, viele Wolfsbeobachtungen haben erwiesen: Den Nackenschüttler als Interaktion zwischen Erwachsenen und Welpen, also als Erziehungsmittel, gibt es nicht!!

Wie tadeln oder strafen wir also richtig? Am liebsten erhaben, wie's der Wolf tut: mit sofortigem Abbruch des Körperkontaktes, mit sofortiger Beendigung des Spielens (also mit Ignoranz), mit tiefem, scharfem Tonfall oder wer's kann mit knurren und Zähne blecken. Was auf Ihren Hund am meisten Wirkung zeigt – allerdings ohne ihn

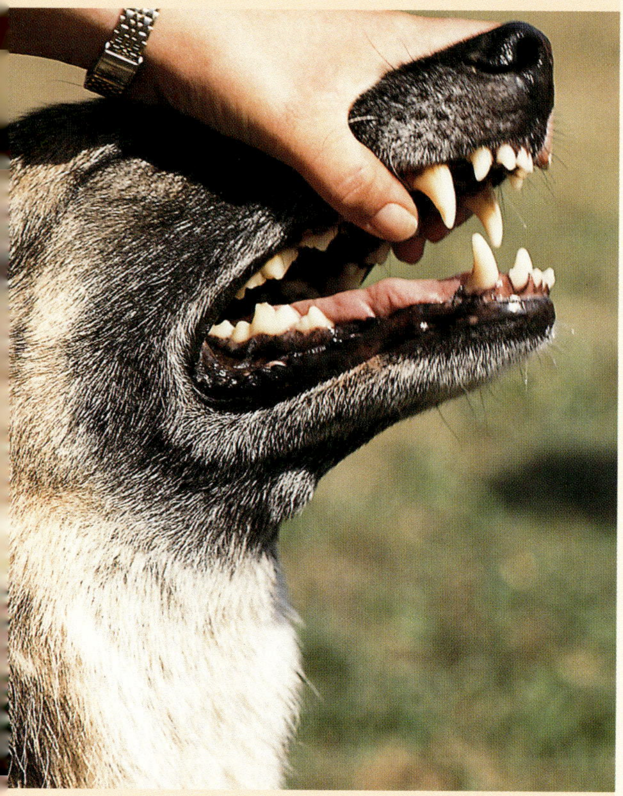

Den Griff über die Schnauze versteht jeder Hund als ernsten Tadel und Warnung. (Foto: InfoHund Krämer)

zutiefst zu verschüchtern! –, finden Sie selbst sehr schnell heraus. Endlose Fluchorgien bringen es jedenfalls nicht.

Und als eine der schärfsten Strafen „werfen wir den Hund nicht auf den Rücken" – so wie ich es auch oft höre. Die wenigsten Leute beherrschen nämlich den richtigen so genannten Alpha-Wurf und demzufolge bleibt auch die Wirkung auf den Hund aus. Beim echten Alpha-Wurf zappelt der Hund nämlich nicht mehr, sondern er liegt ganz ruhig da.

Wir wenden den harten oder den weichen Schnauzgriff an. Dieser stammt aus dem natürlichen Verhaltensrepertoire unserer Hunde und wird als Maßregelung auch wirklich vom Hund verstanden. Dabei fassen wir dem Hund von oben über die Schnauze und drücken ihm die Fingerkuppen gegen die Lefzen (so als wäre unsere Hand das Maul eines Hundes und unsere Finger wären die Zähne). Je nachdem, wie ernst die Strafe ist oder wie sehr oder wenig unser Hund beeindruckbar ist, muss der Druck der Fingerspitzen intensiver oder weniger intensiv sein. Und vor allem noch viel wichtiger als die Intensität: Der Griff muss so lange anhalten, bis der Hund sich ruhig verhält und damit signalisiert: „Okay, okay, ich habe verstanden."

Eine sehr beliebte, gängige Strafmethode ist bei vielen Leuten noch immer, dem Hund mit der Zeitung eine auf den Po zu hauen. Ganz ehrlich, lieber Goldschürfer, haben Sie schon mal einen Wolf gesehen, der seinen Rudelmitgliedern mit der Zeitung – oder vielleicht mit einem Büschel Laub? – eine haut?

Wenn es ganz tief bei Ihnen drinsitzt und der Griff zur Zeitung dann halt wirklich sein muss, dann schlagen Sie damit aber bitte auf den Schuh, den der Hund immer zerkaut, oder auf den Teppich, auf den er immer pieselt. Dazu fluchen Sie dann nach Herzenslust. Mit dem Schuh und dem Teppich wohlgemerkt, nicht mit dem Hund! Den meisten Hunden macht das großen Eindruck und sie meiden den Ort beziehungsweise Gegenstand Ihres Ausbruches in Zukunft.

Nicht zu vergessen gilt in Sachen Strafe – wie in jedem Bereich der Hundeerziehung – natürlich, konsequent zu sein. Nur wenn die gleiche Unart immer gerügt wird, ist für den Hund transparent und klar ersichtlich, was er nicht soll. Und danach muss es dann auch wieder gut sein. Den Hund eine halbe Stunde in ein anderes Zimmer einsperren bringt gar nichts. Drei Sekunden Zeit haben Sie! Danach ist alles für den Hund nicht mehr verknüpfbar. Und nachtragend zu sein ist unserem Hund fremd.

Spielend lernen und lernen zu spielen

Wenn Hund und Mensch miteinander spielen, geht einiges vor sich. Der Hund lernt im Spiel, seine Bewegungen zu trainieren, seine Konzentration wird geschärft und die Sinne werden angeregt. Hunde, die mit einem Spiel lernen, lernen freudiger und sind aufnahmefähiger. Das Vertrauen in den Spielpartner Mensch wird gefördert, die Bindung gestärkt und auch das Selbstvertrauen des Hundes wächst. Wenn allerdings immer nur der Ball geworfen wird, wird's selbst dem Hund mit der Zeit zu langweilig. Also, lieber Goldschürfer, da sind ein wenig Phantasie und Einfallsreichtum gefragt! Wie viele seiner Spielzeuge kennt Ihr Hund namentlich? Am besten geben Sie jedem Spielzeug einen Namen, wobei darauf zu achten ist, dass sie für das Hundeohr gut voneinander unterscheidbar sind, und bringen Ihrem Hund bei, den „Ball", den „Igel", die „Ente" und so weiter zu holen. Erfolge werden überschwänglich gelobt und bitte überfordern Sie den Hund nicht. Es braucht seine Zeit, bis er genau weiß, welches Spielzeug der „Igel" ist. Dabei ist der Quietsch-Igel, der Kong oder der Ball die Beute. Und Ihr Hund darf der Jäger sein. Bitte denken Sie daran, lieber Goldschürfer: Die Beute baumelt einem nicht langweilig vor der Nase hin und her und berührt einen womöglich noch. Nein, die Beute versteckt sich, hoppelt davon, schlägt Haken, äugt hervor und verschwindet wieder im Versteck! So macht's Spaß, die Beute zu jagen.

Oder wann haben Sie das letzte Mal Verstecken gespielt? Man kann sich selbst verstecken – aber auch Spielsachen oder Leckerli. Ein beliebtes Spiel bei uns zu Hause findet immer am Waschtag statt. Bevor ich die schmutzige Wäsche sortiere, werden drei Spielsachen im Waschkorb versteckt, die mein Hund dann hervorstöbern darf. Auf Spaziergängen kann man Vorhandenes nutzen und über Baumstämme balancieren, sich hinter Hügeln verstecken, Kurzstreckenrennen veranstalten.

An langweiligen Regentagen versteckt man Leckerlis oder Spielsachen in zwei, drei alten Kartonschachteln, die ineinander gestellt werden, und lässt den Hund dann auspacken. Der Phantasie sind keine Grenzen gesetzt. Nur Spaß machen soll es unserem Nugget. Und Ihnen wird es ebenso Spaß machen, wenn Sie in das begeisterte Gesicht Ihres Hundes schauen. Ich wünsche Ihnen von Herzen ein „hundeprozentig" glückliches Miteinander über viele Jahre hinweg!

Zum Schluss noch ein paar Fakten

Ein Hund ist viel stärkeren Reizen ausgesetzt als wir, denn er nimmt in seiner Umgebung ein Vielfaches von dem wahr, was wir registrieren. (Foto: U. Schanz)

Riechen, Hören, Sehen

Die meisten von uns leben in einer Stadt oder zumindest in dicht besiedelten Gebieten. Unsere Hunde werden mit Außenreizen konfrontiert, die ihnen Unwahrscheinliches abverlangen. Denn Hunde besitzen eine unterschiedliche Wahrnehmung der Umwelt aufgrund unterschiedlicher Sinnesleistungen:

Wir Menschen verfügen über etwa fünf Millionen Geruchsrezeptoren. Unsere Hunde hingegen im Schnitt über mehr als 200 Millionen! Können Sie sich vorstellen, 40-mal mehr geruchliche Reize wahrzunehmen als gewöhnlich? Können Sie sich vorstellen, wie schwer es da wird, einen klaren Kopf zu behalten und konzentriert zu reagieren?

Stellen Sie sich bitte vor, Sie kommen heim und das ganze Haus duftet nach frisch gebackenem Brot. Dieser Duft nimmt Sie ganz gefangen. Vielleicht kommen Ihnen sogar Kindheitserinnerungen in den Sinn, jedenfalls sind die Gedanken, die einem noch beim Aufschließen der Haustüre durch den Kopf gingen, wie weggeblasen, denn da ist dieser Duft ... Sie denken nur an Brot.

Nun können Sie verstehen, wie wichtig es für unseren Hund ist, dass er da am anderen Ende seiner Leine einen verlässlichen Rudelführer hat. Der Hund läuft mit uns durch die Straßen und ihm schlägt ein Duft von vergammelten Knochen im Gestrüpp entgegen. Die Konzentration auf „schön Fuß laufen" ist dahin und die ganze Hundewelt besteht nur noch aus wunderbar vergammeltem Knochenduft. Ohne unsere Führung landet der Hund im Gestrüpp – ganz klar. Als Rudelführer machen wir unserem Hund aber klar: „Ich sage dir, was wichtig ist und was nicht. Ich führe dich durch diese Welt der verlockenden, Angst einflößenden, abstoßenden und auch verwirrenden Düfte."

Auch der Gehörsinn unserer Hunde ist beeindruckend, den sie sind fähig, Tonhöhen, die nur eine Achtel Note auseinander liegen, zu unterscheiden. (Ich wünschte, mein Mann könnte bei seinen Duschgesängen auch nur ganze Töne unterscheiden!) Hunde hören zudem vor allem sehr gut hohe Frequenzen, die unserem menschlichen Ohr nicht zugänglich sind.

Können Sie sich vorstellen, wie schrecklich sich so ein pfeifender Keilriemen bei einem wegfahrenden Auto anhört? Und können Sie sich jetzt auch noch vorstellen, alle hochfrequenten Töne zu hören, die unserem menschlichen Gehör verborgen bleiben? Die Leine als Signalmittel und unsere selbstsichere Körperhaltung, die ihm sagt: „Du musst nicht nervös werden, ich führe dich hier durch", das ist es, was der Hund braucht.

Beim Gesichtssinn gibt es ebenfalls Unterschiede zwischen Mensch und Hund. Der Hund

Vertrauen gibt Sicherheit an beiden Enden der Leine und führt zu einem glücklichen Miteinander. (Foto: U. Schanz)

hat ein ausgeprägtes Bewegungssehen. Das bedeutet: Wenn ein Objekt beweglich ist, sieht der Hund es zehnmal besser als der Mensch. Dazu kommt noch, dass der Hund ein um rund 70 Prozent weiteres Gesichtsfeld hat als der Mensch. Wir müssen uns also ganz schön konzentrieren, um den wegrennenden Hasen vor unserem Hund zu sichten. Bei statischen, also unbeweglichen Objekten haben Hunde zum Teil Mühe. Das kann man gerade bei Junghunden beobachten. Sie bleiben stehen und bellen einen Mülleimer oder einen herumliegenden Baumstumpf an – eben weil er sich nicht bewegt. Und Leute, die bewegungslos herumstehen, sind unseren Hunden aus diesem Grunde auch häufig suspekt und werden vorsichtshalber verbellt.

Was im Bezug auf die Sinneswahrnehmungen in unserer Welt lebenden Hunden zugemutet wird, ist ein Vielfaches dessen, was wir wahrnehmen! Und dieses Wissen sollte uns klar machen, dass unser Hund dringend unsere Führung braucht, um ihn zu entlasten und ihm Vertrauen zu übermitteln.

Normalwerte des Hundes:

Körpertemperatur:
zwischen 38 und 39 Grad Celsius
(variiert je nach Größe)

Atemfrequenz:
bei großen Hunden:
zirka 20–30 Atemzüge/Minute
bei kleinen Hunden und Welpen:
zirka 30–50 Atemzüge/Minute

Pulsfrequenz:
bei großen Hunden:
zirka 80 Schläge/Minute
bei kleinen Hunden und Welpen:
zirka 80–120 Schläge/Minute

Schleimhäute: rosa

Läufigkeit der Hündin

Die erste Läufigkeit tritt zwischen dem sechsten und siebten Lebensmonat ein. Die meisten Hündinnen werden dann im weiteren Verlauf alle fünf bis acht Monate läufig. Jede Läufigkeit dauert insgesamt zwischen drei und vier Wochen und setzt sich aus vier Phasen zusammen:

1. Phase

Dauer zwischen zwei und 27 Tagen
(durchschnittlich neun Tage)
Beginn der Läufigkeit
Die Vulva ist angeschwollen und es tritt blutiger Scheidenausfluss aus. Die Hündin ist für Rüden anziehend, aber sie lässt in der Regel noch keine Paarung zu.

2. Phase

Dauer zwischen drei und 21 Tagen
(durchschnittlich neun Tage)
Die Hündin weist den Rüden nicht mehr ab. Die Vulva ist stark vergrößert und weich. Der Ausfluss ist jetzt klar. Der Eisprung erfolgt spontan, meistens zirka zwei Tage nach Beginn dieser zweiten Phase, und die Hündin ist nun aufnahmebereit.

3. Phase

Dauer durchschnittlich 90 Tage
Der Hormonspiegel der nicht gedeckten Hündin entspricht in dieser Zeit dem einer tragenden Hündin. Daher können in dieser Zeit auch Anzeichen von Scheinschwangerschaften auftreten. Die Hündin zeigt dann Nestbauverhalten, behütet und umsorgt Spielsachen, auch die Milchdrüsen können anschwellen oder es kann sogar Milch aus den Zitzen tropfen.

4. Phase

Dauer unterschiedlich,
im Durchschnitt dauert sie zirka 75 Tage
Das ist die Zeit zwischen den Zyklen und sexuell nicht aktiv.

Literaturnachweis

Bloch, Günther: Der Wolf im Hundepelz.
Westkreuz Verlag.

Molcho, Samy: Alles über Körpersprache.
Mosaik Verlag.

Niepel, Gabriele: Welpenspielstunde.
Müller Rüschlikon.

Weidt, Heinz/Berlowitz, Dina:
Das Wesen des Hundes. Augustus Verlag.

Zimen, Eric: Wolf und Königspudel.